KÖLNER STUDIEN ZUM STAATS- UND WIRTSCHAFTSLEBEN

HERAUSGEGEBEN VON

P. ABERER, CHR. ECKERT, J. FLECHTHEIM,
J. K. JUL. FRIEDRICH, ED. GAMMERSBACH, H. GEFFCKEN,
K. HASSERT, J. HIRSCH, B. KUSKE, PAUL MOLDENHAUER,
F. STIER - SOMLO, ADOLF WEBER, K. WIEDENFELD,
A. WIERUSZOWSKI, W. WYGODZINSKI

Schriftleitung: BRUNO KUSKE

Heft 6:

Konkurrenzmöglichkeiten der deutschen Feinkeramik am Weltmarkte

unter besonderer Berücksichtigung

der Porzellanindustrie

von

KURT REIN.

Bonn 1914

A. MARCUS UND E. WEBERS VERLAG

Dr. jur. ALBERT AHN

Konkurrenzmöglichkeiten der deutschen Feinkeramik

am Weltmarkte, unter besonderer Berücksichtigung

der Porzellanindustrie

von

KURT REIN.

Bonn 1914

A. MARCUS UND E. WEBERS VERLAG

Dr. jur. ALBERT AHN

Aus dem volkswirtschaftlichen Seminar

von

Professor Dr. Adolf Weber

I. Wesen und Entwicklung der deutschen Feinkeramik.

Die keramische Industrie umfaßt die Herstellung einer Reihe zwar verschiedenartiger Waren, die aber das gemeinsam haben, daß sie auf die gleichen Rohstoffe zurückgehen (nämlich auf Kaolin und die verwandten Stoffe) und in ihrer Fabrikation die gleichen Hauptverfahren verwenden: „Bereitung einer mehr oder weniger plastischen Masse, Gestaltung der Masse und Brennen der gestalteten Gegenstände bei hoher Temperatur".

Man kann die keramischen Erzeugnisse nach Art ihrer Massenzusammensetzung in zwei große Gruppen gliedern:

1. Töpferwaren mit porösem Scherben,
2. „ „ dichtem Scherben.

Zu 1 rechnet man:

a) die Irdenwaren
(Mauer-Dachziegel, rote Fußbodenplatten, Röhren, Klinker, Terrakottafiguren),
ferner gehören hierhin auch die Siderolithwaren, d. s. mit Lackfarben bemalte oder bronzierte feine Tonwaren;

b) Steingut
mit weiß gebranntem, undichten Scherben, der aber durch Glasurüberzug gebrauchsfähig gemacht wird (Gebrauchsgeschirre, Sanitätswaren etc.), während man Tonwaren mit farbig gebranntem, undichten Scherben als Schmelzwaren bezeichnet (Fayence und Majolika).

Zu 2 rechnet man:

a) Steinzeug,
glasierte Tonware mit dichtem, d. h. undurchlässigem Scherben, der nicht transparent ist (säurefeste Geräte für die chemische Industrie, die Gebrauchsgeschirre von Höhr).

Ist der Scherben nicht glasiert, so bezeichnet man diese Erzeugnisse mit Klinkerware (Chromolith, Fußbodenplatten, Verblender, unglasierte Fliesen);

b) Porzellan,
mit verglastem, transparenten Scherben.

Die Feinkeramik umfaßt mehr oder weniger alle die genannten Gattungen, soweit sie eine künstlerische Verarbeitung erfahren und zur Verwendung als feine Gebrauchs- und Luxusgegenstände bestimmt sind.

Wenn in den folgenden Ausführungen das Porzellan besonders berücksichtigt werden soll, so mag das darin seine Erklärung finden, daß gerade das Porzellan als ältestes, edelstes und wichtigstes Produkt der Feinkeramik deren typischer Vertreter ist, und sich das hierüber Gesagte mit Vorbehalt auf die übrigen Erzeugnisse übertragen läßt. — Dabei kann und soll es sich nicht um Aufstellung neuer Probleme und Forderungen handeln, sondern um den Versuch einer Würdigung der im Laufe der wirtschaftsgeschichtlichen Entwicklung gewordenen, heute vorhandenen Möglichkeiten dieses hervorragendsten Fabrikates der deutschen Feinkeramik, im Wettbewerb am Weltmarkte den ihm gebührenden Platz zu behaupten. Ein kurzer geschichtlicher Rückblick unter diesem Gesichtswinkel erscheint daher zunächst geboten.

Bei allen Völkern, die im Laufe der Jahrhunderte nacheinander Träger der Kultur gewesen sind, hat die Töpferkunst in irgend einer ihrer zahlreichen Erscheinungsformen eine hohe Bedeutung gehabt. Sie stand gewissermaßen schon an der Wiege der Menschheit Pate. „Gleich nach dem Schöpfer kam der Töpfer." Die Porzellanfabrikation als ältester keramischer Zweig geht mit ihren Wurzeln in die graue Sagenzeit des chinesischen Reiches zurück, während die Entstehung des Weißporzellans nach neueren Forschungen erst in das neunte Jahrhundert n. Chr. fallen dürfte. Von China gelangt die Kenntnis der Porzellanbereitung nach Japan. Erst im 16. Jahrhundert kommt das erste chinesische Porzellan durch die Portugiesen nach Europa, und im 17. Jahrhundert befassen sich besonders die

Holländer mit seinem Vertrieb, während alle Bemühungen, dieses wertvolle Geschirr in Europa nachzuahmen, noch immer erfolglos blieben.

Da tritt ein gewaltiger Umschwung ein mit der epochemachenden Nacherfindung des Porzellans durch einen der damaligen Alchemisten, den Thüringer Joh. Friedr. Böttger im Jahre 1709 am Hofe Friedr. August II. von Sachsen *). Waren alle bisherigen Erzeugnisse, die man dem chinesischen Porzellan nachzubilden versucht hatte, porös und nur nach Überziehung mit einer Glasur verwendbar gewesen, so ermöglichte Böttger jetzt zum ersten Male die Herstellung des geschlossenen, dichten Scherbens. Noch im gleichen Jahre feiert die erste deutsche Porzellanmanufaktur auf der Albrechtsburg zu Meißen ihre Gründung, vermochte aber trotz aller Geheimtuerei nur kurze Zeit ihre Monopolstellung zu wahren. Unternehmende Arbeiter verbreiteten schnell das Geheimnis der Meißner Erfindung. Sie entwichen dem Kurfürsten von Sachsen und stellten sich gegen höheres Entgelt in den Dienst anderer Landesherren. So entstehen zunächst „im Glanz der Fürstensonne" eine Reihe von Fabriken und erfreuen sich besonderer Gunst: 1719 Wien, 1746 Höchst und Fürstenberg, 1750 Berlin, 1754 Neudeck, Nymphenburg, 1755 Frankenthal, 1756—58 Ludwigsburg, 1759 Ansbach, 1765 Fulda, 1766 Kassel.

Solange diese Fabriken mehr Schmuck- als Gebrauchsgegenstände herstellen und sich fast ausschließlich der Bedürfnisbefriedigung ihres Hofes widmen, hat die Gefahr gegenseitiger Konkurrenz wenig zu besagen. Das ändert sich am Ausgang des 18. Jahrhunderts mit der allmählich sich ausdehnenden Verwendung des Porzellans im täglichen Gebrauch. Mit der Erweiterung der Kundschaft löst sich die Industrie los von den Residenz- und Hauptstädten und verlegt die Herstellung ihrer Massenartikel an Orte, deren

---

*) Nach einem Artikel von Dr. Strunz-Wien in der Frankfurter Zeitung vom 1. Februar 1913 wird Böttgers geniale Tat seinem Gönner und Mitarbeiter Walter v. Tschirnhaus zugesprochen, eine Vermutung, die zwar wiederholt zum Ausdruck gekommen ist, die aber auf Grund von Forschungen hervorragender keramischer Fachschriftsteller, endgültig widerlegt sein dürfte.

Produktionsvorteile überwiegen. Im Thüringer Wald werden durch die nochmalige selbständige Nacherfindung von Macheleid und Greiner in rascher Aufeinanderfolge eine große Anzahl neuer Produktionsstätten ins Leben gerufen: 1760 Volkstädt, 1762 Gera, 1764 Wallendorf, 1765 Kloster Veilsdorf, 1767 Gotha, 1772 Limbach, 1777 Ilmenau, 1779 Großbreitenbach, 1783 Rauenstein, 1790 Blankenhain, 1795 Eisenberg, 1799 Pößneck. — Diese exportieren schon damals nicht unbeträchtliche Mengen und sehen sich bald gezwungen, Maßregeln gegen die Konkurrenz im Inland zu ergreifen: 1814 schließen 7 Thüringer Manufakturen nachweislich das erste Preiskartell ab; ob mit Erfolg, erscheint bei dieser kleinen Zahl allerdings fraglich.

Im gleichen Jahre legt C. M. Hutschenreuther mit seiner Fabrik in Hohenberg an der Eger den Grund zur Porzellanindustrie in Oberfranken und an der böhmisch-bayrischen Grenze, während 1831 Karl Krister im Waldenburger Kohlengebiet sie zum Leben erweckt.

Aber dieses schnelle Gründertempo im Inland wurde in seinen Wirkungen auf die Konkurrenzfähigkeit der deutschen Feinkeramik wesentlich verschärft durch die erfolgreiche Aneignung der neuen Fabrikation seitens des Auslandes. War schon 1719 die Wiener Manufaktur entstanden, so folgten bald die neben den deutschen keramischen Grenzgebieten liegenden Nachbarländer und die fremden Hauptstädte: Roerstrand bei Stockholm, Kopenhagen (1774), Petersburg, die bis heute ihren Ruf behalten haben. Mit der Entdeckung des ersten Kaolinlagers wurde 1765 in Frankreich die Grundlage für eine glänzende Industrie geschaffen, während in England die Potteries von Staffordshire besonders durch Wedgewoods geniales Eingreifen einen großen Aufschwung erfuhren. In jüngster Zeit sind dann auch außereuropäische Staaten mit der Fabrikation feinkeramischer Artikel, insbesondere des Porzellans, hervorgetreten, allen voran Japan, das nicht nur wenig oder nichts mehr importiert, sondern mit seinen Waren in der Hauptsache sogar die für Deutschland in Betracht kommenden Absatzgebiete überschwemmt.

So sind der deutschen Feinkeramik von vornherein

scharfe Konkurrenten entstanden, mit denen sie in Wettbewerb treten mußte, zunächst unter rationellster Ausnutzung der vorhandenen natürlichen Produktionsmittel, alsdann, mit fortschreitender Entwicklung des Verkehrs, unter besonderer Betonung eines sich immer mehr verfeinernden und differenzierenden technisch-künstlerischen Herstellungsverfahrens und mit Hilfe einer zugkräftigen, vielseitigen, organisierten Absatztechnik.

Ehe auf diese Möglichkeiten, wie sie sich aus dem Entwicklungsgang der deutschen Porzellanindustrie und ihrer heutigen Lage ergeben, näher eingegangen werden soll, mag der technische Vorgang der Fabrikation kurz skizziert werden.

II. Die Technik der Porzellanfabrikation.

1. Bereitung der Masse.

Die Porzellanmasse besteht aus Kaolin, Quarz und Feldspat.

Diese Materialien werden zum Teil erst auf dem Kollergang, zum Teil auf Trommeln gemahlen. In eine solche Trommel kommen gewöhnlich im Verhältnis von 1 : 1 Material und Flintsteine unter Hinzufügung von Wasser. Dieses Gemisch macht ca. 30 000 Umdrehungen. Ist die Masse flüssig und fein gemahlen, so leitet man sie durch Siebe über Magnete, um die eventl. noch darin haftenden Eisenteilchen herauszuziehen. Alsdann gelangt die Masse in den Quirl, wo sie noch mit dem nötigen Quantum Kaolin versetzt und gut durchgemischt wird. Durch ein Bassin wird dieselbe nun mittels Luftdrucks in die Filterpresse geleitet, die das überschüssige Wasser auspreßt und die Massekuchen bereitet. Diese werden in der Dreherei verarbeitet.

2. Gestaltung der Masse.

Um Porzellangegenstände herstellen zu können, müssen zuerst Modelle aus Gips etc. vom Modelleur angefertigt werden, zu deren Herstellung er sich neben freier Handarbeit der Drehscheibe bedient. Von diesen Originalen machen die Formgießer zum Zwecke der Vervielfältigung Abgüsse in Gips. In die so entstandenen Gipsformen wird die Masse entweder in flüssiger Form eingegossen oder als steife Masse eingedreht.

3. Das Brennen des Porzellans.

Die auf diesem Wege hergestellten Gegenstände werden gut getrocknet und gesäubert, dann in Kapseln gefüllt und im oberen sogenannten Glühofen auf Stöße gestellt. Bei einer Brenndauer von 24—30 Stunden werden sie verglüht, danach mit Glasur überzogen, die auf dem gleichen Herstellungsprozeß beruht wie die Masse, aber mehr Flußmittel und weniger Kaolin enthält. Die glasurten Gegenstände gelangen alsdann nochmals bei gleicher Brennzeit in den unteren sogenannten Glattofen, während gleichzeitig im oberen Teile des Ofens wieder „grünes" Geschirr den ersten Verglühprozeß durchmacht.

4. Dekoration des Porzellans.

Nach beendetem Brande und erfolgter Abkühlung wird die Ware nach ihrer Qualität sortiert *). Die Erzeugnisse werden in der Malerei entsprechend dekoriert. Man unterscheidet 2 Dekorationsarten: Aufglasur- und Unterglasurmalerei.

Bei ersterer werden die sog. Schmelzfarben auf den fertigen glattgebrannten Scherben aufgetragen und bei ungefähr 800 Grad C. eingebrannt. Hingegen werden die Unterglasurfarben auf den erst verglühten Scherben aufgemalt und dann im Scharffeuer mit der Glasur eingebrannt bei 1200—1400 Grad. Die letztere Dekorationsart ist die haltbarste und feinste und findet im Kopenhagener Porzellan ihren vornehmsten Vertreter.

*) Diese Sortierung ist bei bei Luxuswaren eine andere als beim Tafelgeschirr. Man unterscheidet in der Regel 1.—4. Wahl. Beim Tafelgeschirr gilt die zweite Wahl als erstklassige Ware, während die 3. Wahl als Durchschnitts-Sortierung die „reguläre Ware" bildet, die meist mit leichteren Fehlern behaftet ist, welche durch entsprechende Dekoration teilweise verdeckt werden können. Die 4. Wahl, der sogenannte Ausschuß, ist trotz größerer Fehler des Porzellans sehr wohl noch gebrauchsfähig und hat als billige Stapelware großen Absatz. (Vgl. hierzu Käthe Lux, Studien über die Entwicklung der Warenhäuser. Jena 1910.)

III. Die Konkurrenzmöglichkeiten unter Berücksichtigung der

A) Produktionsvoraussetzungen.

a) Sozialökonomische Bedingungen:

1. natürliche:

Roh- und Brennmaterialien.

Für die Existenz und Entwicklungsfähigkeit der deutschen Feinkeramik waren — abgesehen von reiner Liebhaberei einiger Fürsten, der beispielsweise u. a. die Fürstenberger, Gothaische und auch die Kopenhagener Manufaktur ausschließlich ihre Entstehung verdanken — durchaus wirtschaftliche Gründe maßgebend, vor allem das Vorhandensein von Roh- und Brennmaterialien und von geschickten und billigen Arbeitskräften.

Ehe überhaupt an eine Gründung von Porzellanfabriken gedacht werden konnte, waren Kaolinlagerstätten notwendige Voraussetzung. So war z. B. Frankreich, woselbst dieses wichtige Material erst 30 Jahre später aufgefunden wurde als in Deutschland, auch erst von diesem Augenblick an im Stande, Porzellan herzustellen; der Bezug des Rohstoffes aus anderen Ländern war infolge scharfer Ausfuhrverbote unmöglich.

In Deutschland wurden eine Reihe von Kaolinlagern entdeckt, in deren Umkreis zahlreiche Fabriken emporkamen. Zu Hauptfundstätten entwickelten sich Schneeberg, Kemmlitz, Seilitz, Mügeln, Sornzig für Meißen, Rasephas, Morl, Sennewitz und Trotha bei Halle für die Berliner Manufaktur, Amberg, Göpfersgrün, Wegescheid, Passau für Nymphenburg, Grünstadt (Rheinpfalz), ferner das Fichtelgebirge und Riegersdorf bei Strehlau in Schlesien.

Trotz dieser verhältnismäßig großen Zahl bedeuten die deutschen Lagerstätten keinen Vorsprung vor dem Ausland, da dieses in seinem Innern zum Teil insofern noch viel wertvollere Kaoline birgt, als sie eine größere Tonsubstanz haben. Der Prozentsatz der Tonsubstanz beeinflußt nämlich wesentlich die Bildsamkeit der Porzellanmasse und ihre Widerstandsfähigkeit im Feuer.

In diesem Zusammenhang mögen besonders erwähnt werden: Zettlitz in Böhmen, St. Stephans und St. Austle in Cornwall mit dem berühmten China Clay, Brenditz in Mähren, Karlsbad, Prinzdorf in Ungarn, St. Yrieux bei Limoges und Vierzon. — An der Spitze stehen Österreich mit Zettlitzer Kaolin und Großbritannien mit China Clay, die im Gegensatz zu dem deutschen Material aus fast reiner Tonsubstanz bestehen:

	Zettlitzer Kaolin	enthält	98,90%	Tonsubstanz
	China Clay	„	94,25%	„
Dagegen:	Kemmlitzer Kaolin	„	84,65%	„
	Seilitzer Kaolin	„	81,44%	„
	Sennewitzer Kaolin	„	63,77%	„

Endlich hat noch in neuerer Zeit chinesischer und japanischer Kaolin Bedeutung erlangt für die Fabrikation im eigenen Lande, sowie auch als Ausfuhrprodukt nach England.

Auf diese fremden Bezugsquellen ist Deutschland, obwohl es nach der Gewerbestatistik von 1895 in 78 Hauptbetrieben der Kaolingräberei 899 Personen beschäftigte, in starkem Maße angewiesen. Das beweist folgende Tabelle:

	Einfuhr	M.	Ausfuhr	M.
1907:	255 190 t	9,442 Mill.	29 166 t	1,079 Mill.
1910:	261 734 t	9,684 „	29 397 t	0,967 „
1911:	281 750 t	10,143 „	34 652 t	1,166 „

Es waren beteiligt an der Einfuhrziffer von

1910:	Großbrit.	mit	105 336 t	im Werte von	3,898	Mill.
	Österr.-Ung.	„	145 084 t	„ „ „	5,368	„
1911:	Großbrit.	„	110 148 t	„ „ „	3,965	„
	Österr.-Ung.	„	156 745 t	„ „ „	5,643	„

Noch viel größer ist die Abhängigkeit vom Auslande in Bezug auf Feldspat, der in erster Linie von Schweden und Norwegen geliefert wird. Die geringe Zahl inländischer Lagerstätten in Wunsiedel, Ilmenau, Arnstadt und Altendorf bei Holzminden kommen nur wenig in Betracht.

Deutschlands Gesamteinfuhr von Feldspat betrug

1908:	42 492	Tonnen	im	Werte	von	1,488	Mill.
1909:	41 369	„	„	„	„	1,487	„

Schweden und Norwegen waren daran beteiligt

1908 mit 37 798 t

1909 „ 36 287 t

Quarz und vor allem Quarzsand werden zwar in vorzüglicher Qualität bei Hohenbocka in der Lausitz gewonnen, desgleichen in geringerer Güte auch an anderen Orten Deutschlands. Sie vermögen aber den Bedarf der deutschen Feinkeramik ebensowenig zu decken wie die anderen Rohmaterialien. Eine wenigstens teilweise Hebung dieses Mangels ist insofern zu verzeichnen, als für Quarz und Feldspat im Pegmatit sich ein Ersatzmittel findet, das z. B. als Tirschenreuther Sand zu umfangreicher Verwendung gelangt. — Einige Fabriken, die ursprünglich in der Nähe von Rohstofflagern gegründet wurden, haben dieselben heute in ihrem Privatbesitz und sich damit eine gewisse Unabhängigkeit erworben. Von besonderer Bedeutung sind diese Gruben, wenn sie schon an sich wertvolle Materialien enthalten, die in ihrer Qualität dann noch gesteigert werden durch sorgfältiges Reinigen in eigenen Kaolinschlämmereien.

Wenn aber im allgemeinen Deutschland gegenüber seinen Konkurrenten, hauptsächlich Österreich, hinsichtlich der Rohmaterialien von der Natur nicht gerade hervorragend begünstigt worden ist, so dürfte das gegenwärtig nicht zu schwer in die Wagschale fallen. Im Laufe der Entwicklung der gesamten Volkswirtschaft wurden die inländischen Lagerstätten der verschiedenen Materialien der Feinkeramik immer weniger die notwendige Voraussetzung für deren Existenz. Während sie in der ersten Periode in den einzelnen Ländern fast ausschließlich auf „Sein oder Nichtsein" dieser Industrie bestimmenden Einfluß hatten, trat letzterer — zum Segen der sich entfaltenden deutschen Fabrikation — zurück, je besser die Verkehrsmittel ausgebaut wurden, je mehr die nationalen Länderschranken fielen.

Zu dieser sich allmählich herausbildenden Unabhängigkeit von den Rohstofflagern gesellte sich die von dem Vorhandensein lokaler Brennmaterialien — jedoch nur bis zu einem gewissen Grade — und, infolge fortschreitender Errungenschaften der Technik, von der natürlichen Triebkraft des Wassers. Entstanden ursprünglich die Porzellanfabriken mit Notwendigkeit an tosend zu Tal stürzenden Flüssen und Bächen inmitten großer Waldungen Thüringens, Bayerns, Sachsens und Schlesiens, so gewährleistete die Erfindung der Dampfmaschinen, deren erste außerhalb des Bergbaues in Preußen von der Königlichen Porzellanmanufaktur in Berlin aufgestellt worden sein soll, die Freizügigkeit um so mehr, als mit Verwendung der Kohle an Stelle von Holz und Torf gegen Mitte des 19. Jahrhunderts der Standort nicht mehr an den Wald gebunden war. Jedoch blieb er deshalb nicht ganz unbeeinflußt von Seiten der Brennstoffe. Die Erschließung gewaltiger Kohlenlager in Schlesien, Bayern (Böhmen), an der Saar und Ruhr zogen die Industrie in diese Gegenden, da ein billiges Heizungsmaterial auch heute noch von Bedeutung im Wettbewerb mit dem Ausland ist.

Arbeiterschaft und Unternehmertum.

Während aber ein Mangel an Rohstoffen und durch die Natur bedingten Betriebskräften infolge der Möglichkeit des Transportes in seinen die Konkurrenz erschwerenden Wirkungen z. T. aufgehoben, z. T. gemildert werden kann, ist ein solcher an geschickten Arbeitskräften heute mehr denn je durch nichts auszugleichen, und daher sind letztere als eine Grundbedingung der Existenz der deutschen Feinkeramik zu betrachten. Sie bedarf eines qualitativ und quantitativ hohen Arbeitsaufwandes bei der Eigenheit ihres Produktionsvorganges, der an die Gewissenhaftigkeit und manuelle Geschicklichkeit des Arbeiters hohe Anforderungen stellt. Und wenn auch gegenwärtig mit Hilfe der neueren Dekorationsverfahren des Buntdrucks, Stempelns und Blasens eine Verschiebung des Arbeitsprozesses eingetreten ist, wenn auch Frauen und Mädchen in einigen Fabrikationszweigen vermöge der ihnen eigenen zarten und flinken Behandlung der Erzeugnisse mit Vorteil beschäftigt werden, so bedeutet das doch nicht eine Minderung der Arbeiterqualität im allgemeinen. Denn mit Hilfe dieser neuen Techniken allein läßt sich ein Dekor in der Regel noch nicht vollkommen herstellen; vielmehr behauptet daneben die

Handmalerei durchaus ihren Platz. Außerdem erfordern gerade die modernen Verzierungen und Dekorationen schon an sich ein äußerst exaktes, peinlich sauberes Arbeiten. — Eine gewisse technische Fertigkeit muß also dem zukünftigen Maler und Modelleur angeboren sein und durch eine entsprechende Ausbildung vertieft und befestigt werden. Daher waren die meisten älteren Fabriken stets bemüht, durch gründliche Schulung brauchbare Arbeiter heranzuziehen und sie sich aber dann auch von Geschlecht zu Geschlecht durch ganze Generationen hindurch zu erhalten. Darin haben sie naturgemäß einen gewaltigen Vorsprung vor den in jüngster Zeit entstandenen Fabriken, zumal es für letztere schwer hält, sich tüchtige fachkundige Arbeiter zu verschaffen. Gewöhnlich bekommen sie nur die von einer Fabrik zur andern Wandernden, welche mehr schaden als nützen. „Die rationellste Anlage, die zweckentsprechendste maschinelle Einrichtung, der erfahrenste Fachmann und der branchekundigste Kaufmann genügen aber zum Konkurrieren nicht, solange nicht ein gut eingearbeiteter Arbeiterstamm herangebildet ist. Dies ist äußerst schwierig und erfordert viel Zeit." (Berl. Tagebl. 16. 7. 12.)

Beansprucht also diese arbeitsintensive Industrie mit ihrer hochentwickelten Technik geschickte ausführende Kräfte, so muß sie bei den leitenden Persönlichkeiten erst recht die nötigen Fähigkeiten voraussetzen.

Daß man von dem Unternehmer der Feinkeramik zunächst einmal das Gleiche verlangt wie von demjenigen einer anderen Branche, mit guten kaufmännischen gründliche technische Kenntnisse zu vereinigen, versteht sich von selbst und braucht im Rahmen dieser Arbeit nicht eingehend erörtert zu werden. Daß er aber als Fachmann auch gleichzeitig Künstler sein bezw. Kunstverständnis haben muß, unterscheidet ihn von vielen anderen Fabrikanten, verleiht seiner gesamten Tätigkeit ein eigenartiges Gepräge und zwingt ihn besonders in jüngster Zeit, diesen Einfluß im Wettbewerb am Weltmarkte zu seinen Gunsten mit Nachdruck geltend zu machen. Unter diesem Gesichtswinkel sind die Rohmaterialien zu wählen und zu behandeln, geht die Produktion in ihren einzelnen Stadien vor sich. Das künstlerische Erzeugnis lenkt dann die Aufmerksamkeit auf sich und findet Absatz. — Während das Rohmaterial vieler anderer Industrien eine vertretbare Ware am Weltmarkte ist, hat dasjenige des Keramikers je nach den Fundstätten seine besonderen Eigentümlichkeiten und gestattet eine bis zu gewissem Grade individuelle Verwendbarkeit. In der richtigen Erkenntnis dieser Tatsache beruht ein großer Vorteil insofern, als sich der einzelne Fabrikant vor seine eigene Aufgabe gestellt sieht, und mit Hilfe einer fachmännischen Behandlung neben den importierten und einheimischen hochwertigen Stoffen auch die geringeren Materialien des Inlandes zur Erzeugung qualitativ und ästhetisch entsprechend wertvoller Waren nutzbar machen kann. Der besondere Charakter der verschiedenen lokalen Rohmaterialien ermöglicht eine sich immer mehr differenzierende stoffliche Eigenheit und Gestaltungsmöglichkeit feinkeramischer Gegenstände als Gebrauchs- und Luxusartikel, Platten und Fliesen und in den modernen Kachelöfen. Dank der feinkeramischen Bildsamkeit und Farbenwirkung werden Schmuck- und Nutzobjekte erzeugt, die alle meist in sich etwas Typisches haben, das auf den Ort ihrer Entstehung und die dort üblichen Rohmaterialien und Verfahrungsweisen hinzeigt. So wird sich Meißen stets von Kopenhagen, Kopenhagen von Sèvres, Sèvres von Royal Doulton (England) unterscheiden und vielleicht gerade deshalb seinen Absatz sichern. In weitestgehender Ausgestaltung der örtlich gegebenen Möglichkeiten ist eine sichere Garantie der Weiterentwicklung deutscher Feinkeramik zu erblicken.

Diese Forderung kann der Porzellanindustrielle um so besser erfüllen, je mehr er befähigt ist, auf Grund der wissenschaftlichen, chemischen Ergebnisse durch andauerndes Laborieren seinem Werkstoffe die höchstmöglichen Werte abzuringen, indem er derartige Versuche vornehmen läßt. Auf diesem Wege wurde z. B. die Steinzeugfabrikation zur modernen Industrie: „Der Kannenbäcker, der seit Jahrhunderten nur Wasserkrüge und Bierhumpen hergestellt hatte, wuchs vom geschickten Handwerker empor zum Großindustriellen.“ Und der Porzellanfabrikant verdankte der Wissenschaft unter anderem z. B. die Kenntnis, daß gerade die vollkommene Verglasung seines Scherbens die Voraussetzung für eine hohe Isolationsfähigkeit sei, und begann die Fabrikation elektrotechnischer Isoliergegenstände *). — So muß der Unternehmer fortwährend auf Steigerung seiner Produktivkräfte bedacht sein. Er muß ferner den in- und ausländischen Markt überschauen können und sich ihm im richtigen Augenblicke anzupassen verstehen, besonders weil sich hier die Absatzbedingungen immer schwieriger gestalten. Da gilt es haarscharf zu spekulieren und zu kalkulieren und alle erdenklichen Vorteile zur Kräftigung der Produktion auszunutzen, um aufs rationellste arbeiten und der keramischen Industrie ihren Platz am Weltmarkte halten zu können. Die große Schwierigkeit liegt eben in der Hauptsache darin, daß sich der Fabrikant in den meisten Unternehmungen nicht auf Herstellung bloßer Stapelware beschränken kann, sondern auch von der jeweiligen Geschmacksrichtung mit seinen „Schlagern" profitieren will. Das ist eine der Hauptaufgaben der deutschen Feinkeramik im Kampf um den Weltmarkt, von deren mehr oder weniger guten Lösung in jeder Saison der Erfolg abhängt.

2. Die organisatorischen Bedingungen.

In dieser Verbindung verdienen die fürstlichen Ausgangsstätten der deutschen Porzellanindustrie gebührend berücksichtigt zu werden, die gerade in jüngster Zeit wertvolle Anregungen geben, wie sie überhaupt als ein wesentlicher Faktor der technischen und künstlerischen Ausgestaltung und Aufwärtsbewegung der deutschen Feinkeramik zu gelten haben: die königlichen Manufakturen. Sie konnten vorbildlich wirken hinsichtlich ihres Betriebs und ihrer Erzeugnisse vor allem schon deshalb, weil ihr oberstes Wirtschaftsprinzip nicht immer die Rentabilität zu sein braucht. — Mit seinen bedeutenden künstlerischen Leistungen und technischen Errungenschaften ist Berlin zu nennen, das auf feinkeramischem Gebiete anregend zu wirken sucht,

*) In diesem Sinne äußerte sich Witt in seinem Vortrag gelegentlich der Eröffnung der Tonindustrie-Ausstellung in Berlin am 3. Juni 1910.

während Meißen daneben das Schwergewicht auf die Pflege alter Traditionen legt, jedoch in jüngster Zeit im „Neu-Meißen" seine moderne Weiterbildung findet, besonders auf dem Gebiete der Kleinplastik. So prägt sich die Stellung der königlichen Porzellanmanufakturen als Kunstanstalten und Musterinstitute für die Privatindustrie in den von ihnen hergestellten Erzeugnissen aus. — Seit 1878 besteht zur wissenschaftlich-technischen Förderung der gesamten Keramik bei der königlichen Porzellanmanufaktur Berlin eine von Prof. Seger ins Leben gerufene chemisch-technische Versuchsanstalt, die sich hauptsächlich „mit dem Studium der keramischen Prozesse und Arbeitsmethoden und deren Einfluß auf das Resultat der Arbeit, der Aufdeckung von Fehlerquellen, der Untersuchung von Rohmaterialien, Halb- und Ganzfabrikaten der Tonwarenindustrie, sowie der Beurteilung neuer Erfindungen und Entdeckungen, Arbeitsmethoden und Betriebsvorrichtungen beschäftigt" (Probst). Als besonderen Zweig betreibt außerdem die Manufaktur die Herstellung technischer Erzeugnisse, deren Absatz wegen ihrer Feuerbeständigkeit und Zuverlässigkeit nicht nur in der einheimischen Industrie, sondern über die ganze Erde jährlich zunimmt. Hervorzuheben ist hierbei die Herstellung der Isolatoren, die zwecks voller Ausnutzung der Betriebsanlagen in die Fabrikation eingeschoben ist. Aus dem Gesamtumsatze der Königlichen Porzellanmanufaktur im Geschäftsjahr 1906 im Betrage von 1 414 948.88 Mk. ergibt sich eine Beteiligung der

a) Weißporzellane mit 786 547.61 Mk.,
b) Malereierzeugnisse mit 506 951.17 Mk.,
c) Versuchsstücke und Verschiedenes mit 121 450.10 Mk.

Der Gesamtumsatz betrug	1910/11	1911/12
	1 644 475 Mk.	1 688 346 Mk.
Daran waren beteiligt:		
1. weiße Gebrauchsgeschirre und Kunstgegenstände	296 936 Mk.	285 197 Mk.
2. bemalte Gebrauchsgeschirre und Kunstgegenstände	570 739 Mk.	584 408 Mk.
3. chemisch-technische Geräte	664 598 Mk.	703 927 Mk.
4. technische Spezialerzeugnisse in neueren Massen	112 202 Mk.	114 814 Mk.

Die Produktion hielt mit dem Umsatz gleichen Schritt, so daß die vorstehenden Ziffern auch zugleich ihr Bild wiedergeben. Dabei ist jedoch zu berücksichtigen, daß in den beiden letzten Jahren die Produktion der weißen Gebrauchsgeschirre und Kunstgegenstände, welche zur Bemalung kamen, rund 100 000.— Mk. Selbstkosten erforderte. Diese Produktionsmenge, welche in 2 mit enthalten ist, würde also bei 1 noch in Ansatz zu bringen sein. Allerdings stellen diese 100 000 Mk. nur die eigenen Produktionskosten dar, können daher nicht ohne weiteres mit der zu 1 genannten Umsatzsumme, dem Nettoverkaufserlös, in Vergleich gezogen werden.

Die Meißner Manufaktur hatte 1911/12 eine Einnahme von 2 160 000 Mk. Sie exportiert ungefähr die Hälfte ihrer Fabrikate nach allen wichtigeren Ländern der Erde: ca. 55% bleiben in Deutschland, während etwa je 5% nach Österreich und Frankreich, 8% nach England, 3% nach Rußland, 2% nach Holland und Belgien, 2% nach Italien, 10% nach den Vereinigten Staaten von Amerika ausgeführt werden.

Berlin und Meißen haben von 1891—1900 die Ausfuhr feiner Keramiken fast verdoppelt, die der Porzellane fast verdreifacht. Daß dieser Aufschwung hauptsächlich durch eine Steigerung der Qualität hervorgebracht werden konnte, ist daraus zu ersehen, daß die zur Ausfuhr gebrachten Waren eine fortgesetzte Erhöhung des Wertes erfahren haben: 1891 Durchschnittspreis für 1 Dz. aller nach dem Ausland gebrachter Waren 12 M., 1900: 18 M., also eine Steigerung von 50%. — So reicht der Einfluß der Manufakturen auch über die Grenzen des Reichs hinaus und trägt bis zu einem gewissen Grade, besonders dank des traditionellen Übergewichtes von Meißen, zu einer günstigen Bearbeitung des Absatzgebietes mit bei. Wenn auch die schon erwähnten ausländischen staatlichen und ehemals staatlichen Institute in Sèvres, Kopenhagen, Worcester, Petersburg, Rozenburg, Delft und Wien die beiden deutschen Manufakturen in einzelnen Spezialitäten übertreffen, so sind sie doch bei weitem nicht so vielseitig wie diese und vermögen sich infolgedessen mit der veränderten Wirtschaftslage weniger gut abzufinden, wenn schon ihnen der hohe

Wert der Pflege klassischer und moderner Stile — einer jeden in ihrer Art — in vollstem Umfange zuzuerkennen ist. Jedenfalls erfüllen unsere königlichen Fabriken, und das ist ihr vornehmster Zweck, die Ehrenpflicht staatlicher Kunst- und Industrieanstalten, welche mit den privaten inländischen Unternehmungen nicht durch die Herstellung gangbarer, Gewinn verheißender Artikel in Wettbewerb treten, sondern sie durch die Mannigfaltigkeit ihres künstlerischen Schaffens anregen, — sie verwenden noch heute keine mechanischen Reproduktionsverfahren — und durch fördernde, ausgedehnte Versuche im Kampf um den Weltmarkt unterstützen.

Private Fabriken und deren Zusammenschluß.

Im übrigen tritt als Unternehmungsform in der Feinkeramik die individuelle Einzelunternehmung hervor, der als unpersönliche Form die Aktiengesellschaften und G. m. b. H. gegenüberstehen. Es liegt nicht im Interesse dieser Arbeit, dieselben im einzelnen zu charakterisieren; wohl aber gestattet die Betrachtung folgender Tabelle über Zahl und Größe der Porzellanbereitungs- und -veredlungsstätten einen Schluß auf die Entwicklungstendenzen dieser Betriebe unter dem Konkurrenzdruck am Weltmarkt.

Jahre	Hauptbetriebe	darunter Großbetriebe	Personen in den Hauptbetr.	Großbetr.
1882	1807	93	23 094	18 795
1895	1536	146	37 083	32 959
1907	1579	212	51 785	47 556

Daraus ergibt sich ein allmähliches Verschwinden der Mittel- und Kleinbetriebe, bezw. ein teilweises Verschmelzen derselben zu Großbetrieben. Wenn nun auch das Eingehen solcher kleinen Produktionsstätten für die Betreffenden bedauerlich ist, so liegt doch in der zunehmenden Konzentration der Betriebe die Möglichkeit technischer Vervollkommnung der Industrie und einer feineren, künstlerischen Ausführung ihrer Erzeugnisse für den Bedarf am Weltmarkt. Dazu wird aber Deutschland durch den Wettbewerb mit den anderen Staaten gezwungen, wenn seine Waren neben den besten dieser fremden Länder nicht nur ebenbürtig dastehen, sondern sie noch übertreffen sollen. —

Eine breite und feste Grundlage, auf der der immer höher strebende Bau sicher ruht, hat sich die deutsche Feinkeramik geschaffen in dem Zusammenschluß zu Interessenverbänden. Diese suchen die wirtschaftliche Stabilität der einzelnen Unternehmungen sowie der gesamten Branche gegenüber dem Auslande zu gewährleisten. Auch vermögen sie der Industrie zum Teil kräftige Impulse nach der wissenschaftlichen und geschmacklichen Richtung hin zu geben. Die meisten wichtigeren Porzellanfabriken gehören zunächst dem Verbande keramischer Gewerke in Deutschland an, der ihre allgemeinen wirtschaftlichen Interessen vertreten will. Daneben besteht eine Preisvereinigung der Porzellanfabriken unter dem Namen „Verband deutscher Porzellanfabriken zur Wahrung keramischer Interessen G. m. b. H.", ferner ein Verband der Porzellanindustriellen von Oberfranken und Oberpfalz, Verband mitteldeutscher Porzellanfabriken, Vereinigung Thüringer Luxus-Porzellanfabriken, Verband ostdeutscher Porzellanfabriken, Vereinigung der Fabriken elektrotechnischer Porzellanwaren, Einkaufsvereinigung keramischer Fabriken.

Die Porzellanwarenhändler haben sich zusammengeschlossen zu einem Reichsverband deutscher Spezialgeschäfte in Porzellan, Glas, Haus- und Küchengeräten, einer Einkaufsgenossenschaft Nord und Süd, Eisenach, einem Verband deutscher Porzellan-, Glas- und Luxuswarenhändler G. m. b. H. Nürnberg, und einer Einkaufsgenossenschaft Keramik G. m. b. H. Bremen. — Diese Organisationen entstanden mit dem immer stärker werdenden Wettbewerb am Weltmarkte, der eine gemeinsame Wahrung der Interessen der gesamten deutschen Feinkeramik in ihren verschiedenen Zweigen dem Auslande gegenüber erheischte. Besonders der erstgenannte Verband betrachtet es als seine vornehmste Aufgabe, auf die handels-, sozial- und verkehrspolitischen Verhältnisse förderlich einzuwirken. Auch die Preisbildung wird einheitlich zu gestalten versucht durch die erwähnte Preisvereinigung der Porzellanfabriken. — Durch diese Verbände ist eine außerordentliche Festigung der deutschen Industrie und die Erhöhung ihres Ansehens recht wohl möglich, solange sie eben alle diesem einen Ziele zustreben. Eine Erschwerung erwächst ihnen durch die Außenseiter, insbesondere so weit diese auf die Preise drücken. Dadurch macht sich dann oft ein Kampf nach zwei Seiten hin notwendig, der die Organisationen in ihrer Stoßkraft lähmt, während sie sich selbstverständlich ganz anders durchsetzen können, wenn alle Interessenten hinter ihnen stehen. Andererseits liegt eine große Gefahr in der Zersplitterung in Einzelverbände, die an sich wegen der zahlreichen individuell verschiedenen Gebiete der Keram-Industrie bis zu einem gewissen Grade berechtigt und notwendig sind, ihre Existenzberechtigung aber in dem Augenblick verlieren, in dem sie die Grundlinien einer gedeihlichen Gesamtentwicklung verlassen und in kleinlichen Sonderinteressen aufgehen. Dem wurde bisher noch wirksam begegnet durch die beiden zuerst genannten großen Verbände, die als Vertreter der Industrie in ihrer Gesamtheit allgemein respektiert werden. — In England besteht nur ein wichtiger Verband, „The China Manufacturers Association". Verbände der Steinguterzeuger wurden mit wenig Erfolg versucht; zeitweise Zusammenschlüsse zur Kontrollierung der Preise gingen immer wieder auseinander, da sich die Mitglieder nicht daran hielten. — Auch das österreichische Kartell löste sich auf, nachdem es nur zwei Jahre lang, von 1907—1909, bestanden hatte.

b) Sozialpsychologische Produktionsbedingungen.

Stil und Mode.

Die Feinkeramik hat von Anfang an in allerengster Beziehung zu ihrer Zeit gestanden und sich den wandelnden Geschmacksrichtungen in Form und Farbe durchaus angepaßt, so daß in ihren Erzeugnissen das Spiegelbild der jeweiligen kulturellen Strömungen erblickt werden kann. Welch außerordentliche Bedeutung die richtige Erfassung dieses Zusammenhanges und die praktische Wahrnehmung der sich daraus ergebenden Konsequenzen für diese Industrie gerade gegenwärtig hat, soll weiter unten nachzuweisen versucht werden.

Die europäische Porzellanindustrie lehnte sich naturgemäß zunächst streng an die ostasiatischen Vorbilder an, die an den Fürstenhöfen und in den wohlhabenden Kreisen jener Zeit Eingang fanden. So ist die Blaumalerei mit ihren sich unendlich oft wiederholenden Randmustern und wenig variierenden Dekoren vom fernen Osten zu uns gekommen, wie denn auch das heute noch beliebte Zwiebelmuster ursprünglich nach einem japanischen Muster entstanden ist. Von der Wiener Manufaktur wird berichtet, „daß während der ganzen Periode von 1750—1770 eine Gattung von Blaumalereien, die mit Buntmalereien kombiniert war, den vollen Anspruch auf künstlerischen Wert erheben konnte, die aber in der Hauptsache in ebenso guten als dekorativ wirksamen Nachahmungen des japanischen und chinesischen Porzellans bestand". Die Mehrzahl der Blaumalereien war jedoch künstlerisch von geringer Bedeutung.

Im Laufe der weiteren Entwicklung fügte sich dann die Porzellanindustrie, für lange Zeit ganz unter französischem Einfluß, in den Rahmen der einzelnen Stile ein. Im Barock und Rokoko nahm sie ihren Anfang und leitete über Louis XVI., Zopfstil, Empire, Biedermeier allmählich zur Neuzeit über. Während dieser Entwicklungsprozeß in Frankreich dank des großen Reichtums und unter Mitwirkung psychologischer Momente einer ganz unverkennbaren Neigung in künstlerisch-ästhetischer Hinsicht vor den übrigen Nationen, emporkeimt und seine schönste Entfaltung zeitigt, beschränken sich die andern Länder des Kontinents auf eine sklavische Nachbildung wie vordem der ostasiatischen, so jetzt der französischen Erzeugnisse. Jedoch erlangten bald die beiden erstgenannten Stile in Deutschland eine größere Selbständigkeit und eine hohe, bis in die Gegenwart dauernde Bedeutung. Das hat seinen Grund in ihrer Anpassungsfähigkeit an jede Gestalt, worin sie dem Fabrikationsvorgang beim Sintern (Schwinden der Form beim Brennen um ca. $^1/_7$ ihres Umfanges) in hohem Maße entgegenkommen, indem sie unter ihrer Vielgestaltigkeit die leicht zu Tage tretenden Unregelmäßigkeiten verdecken. Spiegelte sich ferner in ihrer mit freundlichen Gehängen versehenen, reich verzierten Ausstattung ursprünglich die verschwenderische Pracht französischer und danach deutscher Fürstenhöfe wieder, so werden sie später zum Abglanz der immer günstiger werdenden allgemeinen volkswirtschaftlichen Lage überhaupt und fanden vor allem im Meißner Porzellanstil ihre deutsche Fortsetzung und Ergänzung. Seine Wurzeln reichen zurück in jene Zeit, in der das Barock ausklingt und übergeht in das feine, glanzvolle Rokoko, und nehmen in „Alt-Meißen" ihren Anfang. — Die sich immer mehr steigernden Ansprüche an die deutsche Porzellanindustrie, welche aus der Hebung des Wirtschaftslebens mit seinem Komfort und seiner Hygiene erwachsen, und die prekäre Lage des Weltmarktes führten zu ihrer Erweiterung und Ausgestaltung. Und wenn sie diesen Forderungen von innen und außen genügen und einen gewaltigen Aufschwung erleben wollte, so war das nur möglich auf den Grundlagen der modernen wissenschaftlichen und technischen Errungenschaften und der Verbesserungen des Verkehrs, die weit über einen eng begrenzten Kundenkreis hinaus am Weltmarkt eine bisher ungeahnte Mobilisierung des Bedarfs bewirkten. Indem es diesen Anforderungen aufs peinlichste entsprach unter bestmöglicher Ausnutzung aller ihm zu Gebote stehenden Mittel, insbesondere mit Hilfe der Chemie und der technischen Vervollkommnungen, erlangte Deutschland einen bedeutenden Vorsprung vor dem Ausland. Nicht, als ob dieses sich der Neuzeit gänzlich verschlossen hätte! Wohl aber ist gerade in den alten europäischen Porzellanländern England und Frankreich ein konservatives Festhalten an den althergebrachten Stilen bis auf den heutigen Tag zu beobachten gewesen, während sie innerhalb der deutschen Feinkeramik eine mehr klassische Bedeutung erlangt und der aus der erwähnten modernen volkswirtschaftlichen Konstitution sich herausbildenden Produktions- und Geschmacksrichtung Platz gemacht haben.

Auf diese neuen Bahnen wurde die Industrie gedrängt durch einen Umschwung, den das Jahr 1884 der dänischen Porzellanfabrikation brachte mit der Berufung Prof. Krogs als Direktor an die Kopenhagener Porzellanmanufaktur. Er verlieh unter einem gewiß unverkennbaren Einfluß der japanischen Keramik dem verarbeiteten Material ein ganz anderes, eigenartiges, zartes Gepräge, das sich als etwas Bodenständiges von dem in seiner Art durchaus schätzenswerten Rokoko wesentlich unterschied. Neben die ältere farbenfrohe Schmelzmalerei traten hier zum ersten Male die Unterglasurfarben in ihrer zurückhaltenden, vornehmen Art der Wirkung. Es entstand ein neuer Stil unter dem Namen der Hauptstadt Dänemarks, aber von urdeutschem Charakter. „Der graublaue nordische Himmel, die gebrochenen Töne der Landschaft führten zu den Unterglasurfarben, zu dem neuen Porzellanstil mit seinen schwermütigen, träumerischen Reizen, über denen ein Abglanz poesieumwobener Märchenstimmung schwebt. Der geheimnisvolle Zauber längst verklungener Zeiten weht uns an, verklungen und doch so vertraut, denn es ist die gemütvolle Eigenart germanischen Wesens, die aus dieser Kunst spricht" *). Kein Wunder, wenn gerade der deutschen Porzellanindustrie sich unter Einschlagen dieses neuen Kurses eine gewaltige Perspektive eröffnete, und sie die ihrem Wesen so verwandte Kunst ins National-Deutsche übertrug. Man hat in Bezug hierauf unseren Fabrikanten vorgeworfen, sie seien die modernen westeuropäischen Japaner. Ganz mit Unrecht! Übernommen hat man einzig und allein die Technik, ebenso wie sie andere Länder zu wiederholten Malen von Deutschland absahen und noch heute absehen; aber von irgendwelchem Musterraub kann nicht gesprochen werden. Mit Hilfe des neuen Verfahrens hat sich vielmehr in Deutschland ein Streben nach Individuellem, Eigenartigem durchgerungen und ist besonders, wenn wir absehen von den Königlichen Manufakturen, in einer Reihe Thüringer und bayrischer Fabriken von Erfolg gekrönt worden, die den Vergleich mit „echt Kopenhagen" in jeder Weise auszuhalten vermögen. Die Anregungen des Auslandes fanden so neben den eigenen im Inland eine durchaus selbständige Verwertung und ermöglichten außer unseren staatlichen Manufakturen vielen privaten Unternehmungen eine gesteigerte Konkurrenzfähigkeit.

---

*) Tostmann, Kopenhagener Porzellanstil (Keramische Rundschau).

„Alt-Meißen, Alt-Sèvres finden ihre Renaissance in einer großen Zahl deutscher Firmen, welche den Beweis liefern, daß auch der Geschmack der Jetztzeit dem Porzellan-Fabrikanten äußerst dankbare Aufgaben stellt."

Trotzdem vermochte sich in der Gegenwart ein einheitlicher Porzellanstil nicht zu bilden. Das hat seinen Grund darin, daß man, wie auf anderen Gebieten, auch auf feinkeramischem in einen „Novitäten- oder Neuigkeitswahnsinn" hineingeraten ist, der in der Industrie tiefgreifende Umwälzungen hervorrief. Unter dem Druck rücksichtsloser Konkurrenz sahen sich die einzelnen deutschen Fabriken untereinander und in ihrer Gesamtheit dem Auslande gegenüber gezwungen, ihre Umsätze unter Anwendung neuer Mittel zu steigern und ihre Gewinne zu vermehren. Sie schwenkten ab von der nur langsamen, aber dafür regelmäßigen Vorwärtsbewegung im Rahmen der altbewährten Stile und glaubten der Nachfrage neue Impulse geben zu müssen, indem sie mit ihren „Schlagern" neue Bedürfnisse wachriefen.

In der Feinkeramik setzte sich dieses Streben um so stärker durch, je weniger sie mit ihrer zunehmenden Erweiterung von gewissen privilegierten Ständen und örtlich begrenzten Versorgungsgebieten abhängig wurde, je mehr sie sich der großen Masse des Volkes dienstbar machte. Damit gelangte sie in ein ganz neues Fahrwasser, geht nun rasch von einer Modewelle zur andern über und durchlebt Perioden, deren Dauer mit zunehmender Schablonisierung und der Beschleunigung im gesamten Lebenstempo überhaupt immer kürzer werden. So spitzt sich die allgemeine Lage der Industrie im Wettbewerb am Weltmarkte zu, und es ist zu erwägen, wieweit die Mode als Konkurrenzmöglichkeit bestimmend auf die Porzellanfabrikation einwirkt, wie sich insbesondere unter ihr die Stellung des Fabrikanten und der Arbeiterschaft, des Händlers und der Kundschaft herausbildet.

Die Modeschwankungen haben vorerst Erschwerungen mit sich gebracht; sie haben besonders im Inland den Kampf ums Dasein verschärft; sie haben etwas Spekulatives in die Branche hineingetragen, einen unregelmäßigen Rhythmus der Produktion hervorgerufen und ihr einen gewissen Saisoncharakter aufgeprägt. Dieser Umschwung erforderte und erfordert gerade heute große Mittel, insbesondere für Fabriken, die in ihrer gesamten maschinellen Einrichtung und mit ihren zahlreichen Modellen auf eine bestimmte Geschmacksrichtung eingerichtet sind. Wenn dieselben das in ihren alten Anlagen steckende Kapital nicht entwerten wollen, so werden sie nur zu neuen Betriebsformen übergehen, in der Erwartung, damit eine Steigerung der Rentabilität erzielen zu können. Diese Möglichkeit wird aber oft illusorisch gemacht durch die kurze Dauer der jeweiligen Modewelle. Besitzen sie daher nicht das notwendige finanzielle Fundament, um den sich rasch verändernden Verhältnissen sich anpassen zu können, so werden sie ganz automatisch zu einer zweiten Möglichkeit veranlaßt, nämlich ihre Erzeugnisse in der nächstfolgenden unteren Bedarfsschicht abzusetzen und ihren Betrieb ganz auf diese einzustellen. — Die kapitalkräftigen Firmen aber müssen sich neben den staatlichen Manufakturen mit dem Zuge der Zeit schöpferisch weiterentwickeln, dem Wandel im Geschmack Rechnung tragen und damit ein nicht unbeträchtliches Risiko auf sich nehmen. Verstärkt wird dieses Moment der Unsicherheit noch durch die wechselseitige Bevorzugung der einzelnen keramischen Erzeugnisse untereinander. Fayence und Majolika, die einst der Porzellanindustrie weichen mußten, treten in jüngster Zeit wieder hervor und schlagen in der modernen Kunsttöpferei neue Wurzeln. Wenn diese auch mit dem Porzellan nicht rivalisieren kann, so stellt doch ihre aussichtsvolle Entwicklung als vollberechtigter Zweig der Kunstkeramik erhöhte Anforderungen an das Porzellan, zumal das Bauerngeschirr sich auch wieder großer Beliebtheit erfreut. Die Porzellanindustrie klagt ferner über drückende Konkurrenz der Steingutindustrie, die sie mit einer Reihe von Artikeln verdrängt hat, während andererseits infolge niedriger Preisnormierung von gewissen Gegenständen aus Porzellan die Steingutfabriken letztere vollständig aufgeben mußten. Mit Terrakotta-Erzeugnissen treten besonders Gipsfiguren und aus Hartguß hergestellte Waren als preisdrückend in Wettbewerb.

Weit mehr zu fürchten ist aber der durch die Mode in anderen Industrien hervorgerufene Wettkampf. Die Preß-, Hohl- und Kristallglasfabrikation einerseits und die Emaillegeschirrfabrikation andererseits stehen hier obenan. Erstere tritt nicht nur dem Porzellan, sondern dem feinen Steinzeug und Majolika scharf an die Seite, und vermag sich mit ihren teilweise in gediegeneren und stilvolleren Formen auftretenden montierten und nichtmontierten Glaswaren — in den verschiedenen Perioden verschieden gut — durchzusetzen. In Emaillegeschirren werden oft Artikel und Muster der Steingutwaren zum Vorbild genommen und finden infolge ihrer Unzerbrechlichkeit, sowie ihrer größeren Billigkeit reißenden Absatz. — Das ist ja gerade eine typische Erscheinung der Mode, daß sie nach dem möglichst Billigen verlangt, da das für die große Masse in erster Linie in Betracht kommt. Darin hat sie aber auch zweifelsohne auf die Porzellanfabrikation günstig eingewirkt:

Indem unter dem andauernden Modewechsel und dem Aufschwung in den verwandten Branchen fortwährend auf neue Verfahren gesonnen werden mußte, erlangte der Fabrikationsvorgang eine immer größere Vervollkommnung. Maschinelle Neuerungen, verbesserte Brennöfen (Gasöfen), Malerei, Buntdruck, ferner die chemisch-physikalische Durchdringung des Herstellungsvorganges, die verbesserten Reproduktionsmöglichkeiten gestatteten eine Verbilligung der Produkte, die nunmehr einem viel weiteren Konsumentenkreis zugute kommen konnten. Dieser Tatsache verdankte das Porzellan erst seine dominierende Stellung innerhalb der Feinkeramik.

Gegenüber den modischen Schwankungen im Luxusporzellan üben die Stapelartikel eine nivellierende Tendenz aus, so daß erstere wohl in den einzelnen Luxusporzellanbetrieben stark hervortreten, in den gemischten Fabrikbetrieben aber durch eine gangbare Marktware fast ausgeglichen werden. Da letztere einen hohen Prozentsatz der in Deutschland angefertigten Feinkeramiken überhaupt ausmacht, so wird das durch den unregelmäßigen Bedarf entstehende Risiko in seinen Wirkungen auf die gesamte deutsche keramische Industrie wesentlich gemildert.

Das Ausland vermag inbezug auf Anpassungsfähigkeit an die Launen der Mode der einheimischen Porzellanfabrikation bei weitem nicht gleichzukommen; wohl aber leistet es vorzügliches in Preß- und Kristallgläsern, und Frankreich hat durch seine Gallégläser große Berühmtheit erlangt. Ähnlich lagen die Dinge lange Zeit hinsichtlich der auf hohem Niveau stehenden österreichischen, französischen und englischen Kunsttöpferei (Wedgewood, Carris, Delaherche). Aber auch sie hat neuerdings in der deutschen einen kräftigen Konkurrenten gefunden, besonders seitdem sich Männer wie Prof. Läuger, Kornhas, v. Heider u. a. mit ausgezeichnetem Erfolg in ihren Dienst stellten, und Firmen wie Villeroy & Boch und andere eine umfangreiche Produktion verbürgten.

Wenn so die deutsche Feinkeramik und insbesondere die deutsche Porzellanindustrie sich vollkommen mit der durch die Mode veränderten Situation abzufinden vermochten, verdanken sie es vorzüglich den in ihr tätigen und mit ihr in Verbindung stehenden Personen. Die Mode kann schließlich doch nur einen Weg gehen, auf der ihr die Industrie zu folgen vermag, oder den sie ihr vielleicht selbst erst gegeben hat. „Sie entsteht im Schoße der Industrie und bedarf der Hilfe des Handels, welcher ihre Erzeugnisse erst im engen, dann im weiten Kreise marktfähig macht" (Rasch). Es erscheint daher noch eine kurze Skizzierung dieser im Wettbewerb unter dem Modeeinfluß stehenden Personen geboten.

Für den Fabrikanten des Luxusporzellans ist die wichtigste Zeit des Geschäftsjahres die Mustersaison. Er tritt zwar als der eigentliche Urschöpfer irgend eines neuen Modeartikels oder einer neuen Modeform in Erscheinung, aber seine Tätigkeit vollendet doch in Wirklichkeit meist nur einen langen Prozeß, der draußen in der großen unpersönlichen Menge in der Hauptsache schon vor sich gegangen ist. Dort bildet sich als etwas leise Geahntes eine schwache Unterströmung, die bald die Modeentwicklung nach dieser oder jener Richtung hin dirigiert und dem Fabrikanten den Weg zeigt, auf dem er sich vorwärts zu bewegen hat, wenn seine Erzeugnisse den gewünschten Anklang finden sollen.

Da gilt es, den richtigen Einsatzpunkt zu finden, der unbekannten Vielheit sich im rechten Augenblick mit seinen Neuheiten im Geschmack anzupassen. Da gilt es, die schon vorhandenen Andeutungen künftiger Moderichtungen aufzudecken und unter Berücksichtigung der technischen Möglichkeiten zu neuen Kombinationen geschickt zu verwerten. Es ist ferner zu untersuchen, in wie weit sich moderne Bestrebungen auf anderen Gebieten durchsetzen, um daraus Direktiven für die eigene Tätigkeit abzuleiten. So verlangt z. B. die moderne Bauart von Häusern mit ihren großen Räumen und breiten Flächen eine dementsprechende Innendekoration mit anderen keramischen Schmuckgegenständen als noch vor einigen Jahrzehnten. Daraus dürfte sich u. a. das Bedürfnis erklären nach Vasen von gewaltigen, wuchtigen Dimensionen, andererseits z. B. das gegenwärtige Zurücktreten der kleinen Nippesfigürchen, an deren Stelle Zier- und Luxusgegenstände in ruhigerer Linienführung und von einheitlicherem, geschlossenerem Gesamteindruck erscheinen. — Für alles dieses muß der Unternehmer sich ein offenes Auge bewahren, indem er sich durch Reisen Kenntnis davon verschafft und mit seinen Vertretern in ständiger Fühlung bleibt. Wesentlich einfacher liegen die Verhältnisse für den Fabrikanten von Gebrauchsgeschirren. Er kann sich viel größere Ruhepausen von einer Modesaison zur anderen gönnen, auch ohne großes Risiko ein beträchtliches Lager halten. Es gibt da eine Reihe von Fabrikanten, die mit der Herstellung eines einzigen Tafelservices (neben ihren ständig vorrätigen, gangbaren Spezialitäten) oft jahrelang vollauf beschäftigt sind, ehe sie mit einem neuen Modell wieder für eine lange Periode herauskommen. Daß ein solcher Betrieb in seiner Gleichmäßigkeit auch für die Beschäftigung der Arbeiter vorteilhaft ist, liegt auf der Hand; am günstigsten allerdings dürften für Fabrikant und Arbeiterschaft die gemischten Betriebe sein, indem sie den Wechsel von hoher und niedriger Konjunktur am besten ausgleichen.

Durch die Mode hat ferner der Händler als in- oder ausländischer Einkäufer und Grossist an Bedeutung in der Porzellanindustrie gewonnen. Ist er doch der Mittelpunkt zwischen dem Fabrikanten und der großen, weitverzweigten Kundschaft. Nach seinen Angaben wird sehr oft in den Fabriken gearbeitet, durch ihn gelangen die Erzeugnisse in die breiten Schichten der Bevölkerung, seine Handelsware zwingt der großen Masse jeweilig erst die Geschmacksrichtung auf. Einerseits liegt darin eine volle Berechtigung insofern, als er naturgemäß eine viel eingehendere Kenntnis des Weltmarktes und seiner Bedürfnisse haben kann gegenüber dem Produzenten, der mit kaufmännisch-technischen Arbeiten überlastet ist. Durch ihn kommt eine Massenproduktion überhaupt erst zustande.

Andererseits liegt in der Monopolstellung besonders des ausländischen Einkäufers auch eine große Gefahr. Und wenn heute die deutsche Porzellanindustrie und mit ihr die gesamte Feinkeramik einen solch glänzenden Aufschwung genommen hat, so ist das sicherlich nicht wegen, sondern vielmehr trotz des Einflusses dieser internationalen Grossisten geschehen.

Durch das Aufsuchen fast sämtlicher deutscher Fabriken besonders durch die amerikanischen Einkäufer lernen diese die verschiedenen Erzeugnisse der deutschen Industrie kennen. Sie geben aber öfter ihre Aufträge auf Neuheiten nicht der Firma, die sie vielleicht mit großen Geldkosten herausgebracht hat und nun damit verdienen möchte, sondern machen durch ihr systematisches Bereisen des ganzen Landes erst den billigsten Lieferanten ausfindig, dem die Ausführung des Musters dann zufällt. Ist ihnen aber Deutschland zu der Herstellung zu teuer, so wenden sie sich an die Konkurrenzstaaten, neuerdings gern an das wiederaufblühende Japan, das bei fabelhaft billigen Preisen infolge ganz anderer wirtschaftlicher Bedingungen einen jeden Dekor, eine jede Form in skrupellosester Weise zu kopieren imstande ist. Dagegen läßt sich nicht ankämpfen, weil wegen der relativ geringen Absatzdauer solcher zugkräftiger Modeartikel ein Geschmacksmusterschutz gewöhnlich nicht erwirkt wird. — So übt der ausländische Grossist einen schweren Druck auf die deutsche Industrie aus, indem er nicht nur innerhalb derselben die einzelnen Fabrikanten gegen einander ausspielt, sondern sie in ihrer Gesamtheit in den mit jeder Saison von neuem beginnenden Wettkampf mit den anderen Staaten um den Weltmarkt hineinzieht.

Anders liegen die Verhältnisse im Inland. Der deutsche Händler ist seit allerdings kaum erst zwei Jahrzehnten in kunstgewerblichen Dingen einen großen Schritt vorwärts gegangen und nahm seinen Anteil an dem nationalen Aufschwung der deutschen Feinkeramik, damit aber indirekt auch an deren gebieterischer Stellung am Weltmarkt. Allmählich hat sich bei ihm mit der Kenntnis der Entwickelungsgeschichte seiner Ware und deren Technik ein geläuterter Geschmack verbunden, der ihn zu einem sicheren Urteil befähigt. So tritt er dem einheimischen Publikum gegenüber, erforscht dessen geschmackliche Tendenzen und versucht, auf die Richtung derselben seinen überwiegenden Einfluß geltend zu machen. In dieser Verbindung kann man von dem heute sich durchsetzenden Streben nach Qualitätsarbeit sprechen, die die deutsche Feinkeramik auf ein höheres Niveau erhebt und ihr ein schon jetzt in seinen Anfängen erkennbares charakteristisches Gepräge verleiht.

Für die Förderung der Volkswirtschaft im allgemeinen ist es nun allerdings gleichgültig, von welchen ästhetischen Grundsätzen die einzelnen Moderichtungen diktiert werden. Nicht so indifferent hat sie sich gegenüber der Tatsache des Vorhandenseins künstlerischer Regungen überhaupt und ihrer produktiven Nutzbarmachung zu verhalten. Daher beginnt sie jetzt mit Recht die in ihr schlummernden Kräfte wachzurufen und ihren Ideen auch in der Feinkeramik Folge zu geben. Auch hier kommt die Erkenntnis zum Durchbruch, daß Kunst und Massenproduktion gar nicht unbedingt getrennt marschieren müssen, daß vielmehr die deutsche Industrie befruchtet wird, indem sie der deutschen Kunst ihr Recht gibt, und wiederum der Künstler, indem er ihr zur Durchgeistigung der Massenproduktion verhilft. So will es die stetige Aufwärtsbewegung der gesamten menschlichen Kultur überhaupt. So aber liegt es auch begründet in dem Interesse der deutschen Feinkeramik, sich als ein Stück deutscher Kultur herauszubilden. Gerade in dem Herauskehren des Nationalen, nicht im Sinne des Chauvinismus, sondern des Bodenständigen, Ursprünglichen liegt eine große Möglichkeit im Konkurrenzkampf am Weltmarkt.

„Der beste Schutz nationaler Arbeit möchte darin bestehen, daß alle Produkte wahrhaft individual charakteristisch (künstlerisch), alle Individuen wahrhaft national, und zwar auch als Konsumenten in ihrem Geschmack national wären. Diesem Ideal sind die Franzosen inbezug auf Modewaren ziemlich nahe gekommen, so daß sie auch ohne Schutzzölle etc. von fremden Produkten schwerlich viel brauchen würden." Und nicht nur das: Sèvres- und Limoges-Porzellane haben sich bisher in allen Ländern der Zivilisation zu behaupten vermocht, ebenso wie England mit seinen „Wedgewood, Doulton" etc. und neuerdings das kleine Dänemark mit „Echt Kopenhagen" den Plan beherrschen.

Nur wird es Deutschland ungleich schwieriger haben. „Das französische Kunstgewerbe arbeitet international, weil es das Ansehen eines ererbten feinen Geschmackes besitzt und besonders bei den romanischen und romanisierten Völkern zu erhalten weiß. Das englische Kunstgewerbe stützt sich auf die kolonialpolitische Übermacht der englischen Kultur."

Deutschland aber kann sich in seiner Porzellanindustrie nur durch seine vorzügliche Qualität seinen Platz am Weltmarkt immer wieder erkämpfen.

Auf die Erreichung dreier großer Ziele sind die Bestrebungen der Mode gerichtet, nämlich auf Anpassung an den Zweck und daraus hergeleiteter Form und Dekoration. Die Forderungen der Gebrauchs-, der Nutz- und der Zweckkunst finden ihre Erfüllung. Eine Tasse soll man bequem anfassen, eine Kanne gut ausgießen können. „An die Gebrauchsfähigkeit stellt man die ersten und letzten und höchsten Forderungen." Deshalb wendet man sich in der Form den glatten Flächen und der ruhigen Linienführung zu und hat darin einen großen Vorsprung vor dem Ausland erreicht. Hinsichtlich des Dekors erstrebt man, diesen aus dem Material herauswachsen zu lassen; man legt das Schwergewicht auf fleckenlose Weiße und Transparenz des Werkstoffes und bevorzugt zierliche Kantendekore und Unterglasurtechnik. So scheint sich neben den alten Stilen aus dem bunten Vielerlei sich stetig ändernder Geschmacksrichtungen in nächster Zukunft ein neuer deutscher Stil herauszuheben. — Einige typische Formen und Dekore (Meißner Zwiebelmuster, Kobaltblau und Goldbemalungen) haben sich trotz aller Modeschwankungen in die Gegenwart herübergerettet und werden sich voraussichtlich noch lange erhalten. Zusammenfassend können wir sagen:

Die Mode hält die gesamte Feinkeramik fortwährend in unruhiger Bewegung, sie hat ihr besonders im Luxusporzellan einen Saisoncharakter aufgeprägt und damit die Möglichkeit genommen, sich je zu einer Großindustrie im Sinne der Eisenbranche entwickeln zu können. Jedoch wird das spekulative Moment in seiner Stoßkraft, besonders innerhalb der Porzellanindustrie als Ganzem, stark gemildert durch die Stapelwaren und die Verschiedenheit der Geschmacksrichtungen in den verschiedenen Importländern. Daher kann man, um das nebenbei zu erwähnen, über die Berechtigung des unbedingten Kampfes gegen alles nach heutigen deutschen Begriffen vielleicht Geschmacklose, gegen alle Surrogate, wie er von manchen Kunstästhetikern geführt wird, so lange zum mindesten geteilter Meinung sein, als der Bedarf auch nach diesen Erzeugnissen, insbesondere im Ausland, zur Vermehrung der einheimischen Produktion beiträgt. — Damit soll aber nicht gesagt sein, daß Deutschland in einem ausgetretenen Geleise sich weiter bewegen müsse. Im Gegenteil! Gerade insofern, als durch den Modewechsel die deutsche Feinkeramik im Kampfe mit den Konkurrenzstaaten rastlos vorwärts treibt und vor immer neue Aufgaben gestellt wird, in die sie gerade in der Gegenwart mehr und mehr hineinwächst, ist ihre Zukunft gewährleistet. Zwischen Geschäftsleitung und technischer Ausführung hat sie im Künstler und im Mustermaler und Modelleur Zwischenglieder geschaffen, die den weiteren Fortschritt in Geschmacksleistung und Technik verbürgen. Deutschland ist heute nicht mehr wie früher das billigste Land, und es wäre ganz verkehrt, wollte die deutsche Feinkeramik ihr Heil in Preisunterbietungen suchen. Das ist ihr einfach unmöglich gegenüber vielen anderen Staaten, insbesondere gegenüber Japan, welches, wie schon ausgeführt, eben billiger herstellen kann. Wenn aber Deutschland nicht in der Lage ist, mit dieser Herstellung billiger Erzeugnisse konform gehen zu können, so muß es sich eben solchen Artikeln zuwenden, die Ostasien nicht zu produzieren vermag. Damit ist ihm die Richtlinie für eine gedeihliche Weiterentwicklung vorgezeichnet. — In der oben skizzierten „Moderne" konnte Deutschland vor allem wegen deren technischer Schwierigkeiten noch von keinem Lande der Erde eingeholt werden. Selbst das weltberühmte Frankreich vermochte solche glatten Geschirre in exakter Ausführung des Scherbens und der Kantendekore bisher — wenigstens zu Marktpreisen — nicht herzustellen. Erst in allerletzter Zeit ist wieder ein schöner Erfolg, den Betrieb maschineller zu gestalten, hinsichtlich des eigentlichen Brennprozesses durch die Einführung der Generatorfeuerung erreicht worden. Dadurch ist dieser wichtigste Fabrikationsvorgang automatischer geworden und das Brennergebnis nicht mehr von der Zuverlässigkeit der Arbeiter allein abhängig. Der deutschen Porzellanindustrie wird sich, angeregt durch die Mode, in dem Streben nach Verbesserung der Qualität und Schaffung neuer Muster noch mancher Fortschritt der Technik nutzbar machen und ihr eine außerordentliche Perspektive eröffnen.

c) Kultur- und sozialpolitische Produktionsbedingungen.

Um an die systematische Durchführung der ihr gestellten Aufgaben herantreten zu können und die Erreichung weitgesteckter Ziele zu ermöglichen, bedarf die Feinkeramik einer Führung, wie sie sich in einem gut ausgebauten Fachschulwesen*), in eigens zu diesem Zwecke gegründeten Unterrichtsanstalten, darbietet. Dort sollen die in ihr beschäftigten Personen Gelegenheit finden, das Überkommene würdigen zu lernen, es zu erweitern und zu vertiefen, um so mehr, als das Ausland, besonders Österreich, England und Frankreich, auf diesem Gebiete schon viel früher und umfassender sich betätigt hat. Und zwar bewegen sich die Bildungsnotwendigkeiten gemäß der verschiedenartigen Stellung der einzelnen nach zwei Seiten hin, der chemisch-technischen und der kunstgewerblichen. Ersterem Zwecke

*) „Sprechsaal" und „Keramischer Rundschau" haben wiederholt dieses Moment gründlich und vielseitig gewürdigt.

dienen die keramischen Fachschulen und die technischen Hochschulen, dem letzteren die Fortbildungs-, Zeichen- und Modellierschulen, ferner die Kunstgewerbeakademien. Beide Ziele werden auch oft vereinigt.

Während die Fach-Hochschule ihrem Charakter entsprechend an die technischen Probleme im allgemeinen forschend herantritt, die breite Basis für eine wissenschaftliche Denkweise schaffen will und naturgemäß nur für eine dünne Oberschicht in Betracht kommen kann, leisten die mittleren Fachschulen spezielle, praktische Arbeit und führen in die Kunstgriffe und die Methodik der einzelnen keramischen Zweige ein; sie kommen direkt dem großen Unterbau der gesamten Tonwarenindustrie zugute, indem sie jährlich viele ihrer Schüler in exponiertere Stellen entlassen. Unter Anpassung an die gerade in einem bestimmten Bezirk ansässige keramische Branche wurden sie in Deutschland zahlreich ins Leben gerufen, nicht zuletzt in den Kleinstaaten, und haben an ihrem Teil stark zu dem allgemeinen Aufschwung beigetragen. Im Vordergrund stehen die Königliche keramische Fachschule in Bunzlau, diejenigen in Höhr, Landshut, und seit wenigen Jahren speziell für Porzellan in Selb. Sie betonen das Praktische derart, daß von einem Fabrikbetrieb im Kleinen gesprochen werden kann; den Schülern wird hier Gelegenheit geboten, ihre theoretischen Kenntnisse praktisch zu verwerten bei Herstellung von Massen, Glasuren, Farben, von Töpferwaren, Majolika, Steingut, Steinzeug und vor allem Porzellan. Damit werden gleichzeitig kunstgewerbliche Bestrebungen verbunden. Der Unterricht erstreckt sich in der Regel auf 4 Semester und umfaßt: Theoretische und praktische Chemie, Physik, Mineralogie, keramische Technologie, Werkstattunterricht, Zeichnen, keramisch Malen, Modellieren, Projektionslehre etc. Sehr anregend auf die Industrie wirken die Ausstellungen der Fachschulen. Gerade, weil sich diese Schulen mannigfaltig je nach der Verschiedenheit der örtlichen Bedürfnisse und Bedingungen entwickelt haben, ist es förderlich, wenn eine jede in gewissen Zeitabständen ihre Leistungen den übrigen zur kritischen Vergleichung vorlegt. — Gewerbeförderungskurse werden an ihnen periodisch zur Fortbildung der Meister und Gesellen abgehalten und erfreuen sich des regen Interesses seitens der keramischen Industrie; für die Porzellanindustrie selbst kommen sie allerdings zur Zeit nur sehr wenig in Betracht. — Zur Belehrung des Kunstsinnes und des Verständnisses für die Ziele und Zwecke des Kunstgewerbes dienen die Kunstgewerbeschulen, die ihren Sitz im allgemeinen in den deutschen Residenz- und Großstädten haben und meist unter vorzüglicher Leitung stehen. Hervorgehoben werden mag hier u. a. die Königliche Kunstgewerbeschule zu München insofern, als diese Anstalt eine äußerst wertvolle Unterstützung im Hinblick auf die praktische Ausbildung der Keramiker erfährt durch die Königliche Porzellanmanufaktur Nymphenburg, die den Zöglingen der Schule „belehrenden Einblick in alle Zweige ihres Betriebs gewährt, sie über technische Vorgänge und Neuerungen sowohl, wie auch über Erscheinungen und Forderungen des Marktes aufklärt, andererseits aber auch gelungene Entwürfe von Zöglingen bereitwilligst zur Ausführung und Verwertung bringt". — Um auch die breite Masse der keramischen Arbeiterschaft auf ein höheres Niveau künstlerischen und technischen Könnens zu bringen, mußte für sie eine theoretische und praktische Weiterbildung ins Leben gerufen werden. Daraus ergab sich die Einrichtung von fachlichen Fortbildungsschulen mit Abend-, sowie Sonn- und Feiertagsunterricht, die zu einer weit verbreiteten Institution in allen keramischen Industriebezirken des Reichs zu werden verspricht. — So herrscht reges Leben und Streben in der Weiterentwicklung der deutschen Feinkeramik durch fachgemäße Ausbildung ihres Personals. Besonders in jüngster Zeit pulsiert es mächtig und verleiht der ganzen Industrie die elastische Schwungkraft, mit der sie auch in Zukunft allen Situationen sich gewachsen zeigen dürfte. Wie dringend nötig das ist, dafür möge ein kurzer Hinweis auf Japan und China genügen. Die moderne keramische Industrie Japans bedient sich bekanntlich aller neuzeitlichen Mittel, die man bei uns auf diesem Gebiete kennt. Fördernd haben sich hier zwei keramische Fachschulen erwiesen, die zu Ischikawa Keu und Saga bestehen. Der Kursus ist vierjährig. Beide Schulen werden von etwa 130 Schülern jährlich im Durchschnitt besucht. Hauptwert ist auf Werkstattunterricht und chemisches Laboratorium gelegt. An der Technischen Hochschule zu Tokio besteht außerdem ein vierjähriger Kursus für die Lehrer der Keramik. Wertvoll hat sich auch ein mit der Hochschule verbundenes Keramisches Museum erwiesen *). — Und aus dem Halbdunkel des Horizontes wird auch China in nicht allzu langer Zeit sich herausheben und um seine einst berühmte Stellung in der Porzellanindustrie wieder ernstlich kämpfen. Die neueste Schulverordnung von 1913, die den Handfertigkeitsunterricht dort auch in die Volksschule aufnimmt, kommt diesem Ziele einen großen Schritt näher.

In sozialpolitischer Hinsicht ist Deutschland vorbildlich geworden durch seine mustergültige Gesetzgebung. Es bestehen zur Zeit bekanntlich die Zwangs-Krankenversicherung, -Unfallversicherung, Invaliden- und Alters-Zwangsversicherung, daneben auch eine Hinterbliebenen-Versicherung und für nicht versicherungspflichtige Berufsklassen freiwillige Versicherungen. Seit 1. Januar 1913 kommt hinzu die Versicherung aller Privatangestellten mit einem Gehalt bis 5000 Mk.

Nach der Sonderbeilage zum Reichsarbeitsblatt Nr. 9, 1912, stehen sich die einzelnen europäischen Länder in Beiträgen und Leistungen in der Krankenversicherung wie folgt gegenüber:

Land	Beitrag für jeden Versicherten	Leistung für jeden Kranken
Deutschland	28,30 M.	62,70 M.
Österreich	19,20 „	31,22 „
Ungarn	18,— „	44,26 „
Italien	7,50 „	32,— „
Frankreich	9,45 „	40,— „
Belgien	9,— „	36,— „
Großbritannien	—,—	—,—

Ähnlich liegen die Verhältnisse bei der Unfallversicherung. In der Hinterbliebenenversicherung ist Deutschland auch voran, wie erst neuerdings in dem darauf bezügl. Buch IV

*) Keram. Rundschau.

(in Kraft seit 1. 1. 12) die Reichsversicherungsordnung zeigt. — In jedem Falle sind die Arbeitgeber belastet worden, während zum Beispiel bei der Unfallversicherung die Arbeiter ganz leer ausgingen, bei Kranken- und Unfallversicherung das Reich gar keine Lasten übernahm. Unter den ausländischen Staaten steht uns Österreich in seinen sozialpolitischen Maßnahmen mit am nächsten. England dürfte dem Deutschen Reich durch das Gesetz vom 15. Juli 1912 in der Krankenversicherung künftig annähernd gleich kommen, während die anderen Staaten (außer dem kleinen Luxemburg) weit zurückbleiben, vor allem schon deshalb, weil sie den Versicherungszwang nicht in dem Maße ausgedehnt haben wie Deutschland. Die Unfallversicherung ist vielfach noch Privatsache, besonders in England, wo der Arbeiter oft erst einen Prozeß gegen den Unternehmer anstrengen muß, um zu seinem Rechte zu gelangen. — Ungleich höher aber steht die deutsche Sozialversicherung gegenüber den außereuropäischen Ländern. Die Vereinigten Staaten von Amerika kennen überhaupt keine allgemeine staatliche Versicherung irgend einer Art. Das ganze soziale Hülfswesen ruht dort vielmehr in den Händen privater Hülfskassen, der Gewerkschaftskassen u. a. Kanada, Australien und Neu-Seeland gehen erst in letzter Zeit teilweise zu staatlichen Maßnahmen über.

Was aber bedeuten diese hier nur zur Veranschaulichung gestreiften Tatsachen für den Wettbewerb der deutschen Feinkeramik? Sie bedeuten dasselbe wie für andere Branchen, abgesehen von allerlei unangenehmen Begleiterscheinungen: einerseits zweifelsohne eine hohe Belastung dieser Industrie und damit einen starken Gegendruck auf ihre Aufwärtsbewegung; aber andererseits muß ausdrücklich betont werden, daß die sozialpolitischen Maßnahmen auch, und nicht zuletzt für die Keramindustrie, von förderndem Einfluß sind. Sie können mitunter indirekt ein Mittel bilden, welches vor übereilten Neugründungen zurückschreckt, damit eine Überproduktion mit ihren ungesunden Folgen vermeidet und den Fabriken die Möglichkeit ihrer inneren Kräftigung gestattet, so daß sie die ihnen gestellten Anforderungen zu erfüllen vermögen. Die Hauptförderung jedoch liegt auf ideellem Gebiete. Eine gute Regelung ihrer Existenzfrage vermehrt die Leistungsfähigkeit und -freudigkeit der Arbeiter ganz entschieden, wenn sich auch diese Vorteile nicht in bestimmten Zahlengrößen erfassen lassen. Ferner ist dadurch, wenn auch nur bis zu einem gewissen Grade, da rein praktische Erwägungen letzten Endes ausschlaggebend sein werden, ein Nachströmen junger keramischer Arbeitskräfte gewährleistet, die sich sonst wenn möglich einer einträglicheren, vielleicht auch einer weniger gesundheitsschädlichen Branche zuwenden würden. Denn wenn auch zugestanden werden muß, daß die Porzellanindustrie heute in letzterer Hinsicht in Wirklichkeit besser ist als ihr Ruf, so ist doch nicht zu verkennen, daß die Staubentwicklung bei Herstellung des Porzellans von sehr nachteiligem Einfluß auf Lunge und Atmungsorgane ist, daß daher die ihr ausgesetzten Personen, insbesondere die Porzellandreher, -schleifer, -verputzer und Glasurer geschützt werden müssen. Praktisch geschieht das jetzt zum Teil durch Entstaubungsanlagen, zum Teil durch eine äußerst peinliche Reinhaltung der Arbeitsräume, -tische und -geräte und persönliche Körperpflege der Arbeiter. Unter anderem hat man in einigen Fabriken, zuerst in der Firma Reinh. Schlegelmilch-Suhl, für die Arbeiter während der Dauer ihrer Tätigkeit besondere Arbeitshemden von dunkelroter Farbe zur Verfügung gestellt, die den geringsten Porzellanstaub erkennen lassen und daher sauber gehalten werden müssen, die aber vor allem ein Übertragen des Staubes in den häuslichen Kreis des Arbeiters verhüten sollen. In dieser Hinsicht ist also schon manches geschehen, bleibt aber noch viel zu tun übrig. Nach Berechnungen Sommerfelds vom Jahre 1896 betrug das Verhältnis der an Lungentuberkulose Verstorbenen zu sämtlichen Todesfällen bei Porzellanarbeitern 600 pro Mille; an Atmungskrankheiten starben 743 pro Mille.

Von großer Tragweite ist die Frage der Bleiglasuren und ihrer schädlichen Einwirkungen auf den menschlichen Organismus, die gegenwärtig stark zur Diskussion steht. Es handelt sich dabei wenig oder gar nicht um die Herstellung des Porzellans, das derselben entraten kann, wohl aber um die übrigen keramischen Erzeugnisse, besonders im mittleren und besseren Genre. Diese werden durch die Maßnahmen zur Einschränkung der Bleiverwendung, wie sie auf der Delegiertenversammlung der Internationalen Vereinigung für gesetzlichen Arbeiterschutz in Lugano vom 26.—28. September 1910 vorgeschlagen wurden, auf das empfindlichste berührt, da bisher kein voller Ersatz durch bleifreie Glasuren vorhanden ist. Auch die Firma Villeroy & Boch, die zur praktischen Lösung dieser Frage seit langem einen dazu besonders angestellten Chemiker beschäftigt, konnte noch kein Mittel zur Umgehung der Bleiverwendung ausfindig machen.

Von hoher Wichtigkeit ist die Bleifrage für England geworden, das mit ihr in einem weit höheren Maße rechnen muß, weil seine gesamte keramische Produktion darauf abgestimmt ist und seine brillierenden Erzeugnisse, die ihm erst den beträchtlichen Absatz ermöglichen, ohne Bleiglasuren nicht hergestellt werden könnten. Vor der Hand sucht man sich dort auf dem Wege der Verordnungen und praktischen Ratschläge damit abzufinden. Es bestehen Vorschriften über den Prozentsatz von Blei in Glasur und Scherben. Den Arbeitern, die mit Blei hantieren, ist spezielle Aufmerksamkeit gewidmet. Es wird empfohlen, ihnen, besonders den jüngeren und weiblichen Arbeitern, in diesen Abteilungen während ihrer Tätigkeit Milch zu verabreichen. Sie hat sich bisher bei allen der Bleivergiftung Verdächtigen als gutes Gegenmittel erwiesen. Ärztliche Inspektion tritt in jedem Monat einmal in Kraft, wofür $^2/_6$ d. für die Person zu zahlen sind. — Es findet ferner das Arbeiterentschädigungsgesetz Anwendung, welches Fürsorge trifft für die bei Ausübung ihres Berufes arbeitsunfähig gewordenen Arbeiter. Die Firma haftet für die Entschädigung und nimmt zu diesem Zweck gewöhnlich eine Versicherungspolice auf, die alles Risiko in sich schließt. Simulanten gibt es, wie überall, auch in England, vielleicht nur nicht in solcher Zahl, da ein Arbeiter, der einmal unfähig war, gewöhnlich sehr schwer wieder Beschäftigung findet.

So macht sich im Ausland ein Zunehmen sozialpolitischer Maßnahmen bemerkbar, das einen allmählichen Ausgleich zwischen Deutschland und den fremden Staaten mit der Zeit herbeiführen wird. — Ein Weiterschreiten der deutschen Gesetzgebung in dieser Richtung wird sich allerdings vorläufig für die gesamte deutsche Feinkeramik von selbst verbieten, da diese augenblicklich beinahe an der Grenze ihrer Leistungsfähigkeit steht. Ein Überschreiten derselben aber kann naturgemäß nicht im Interesse der deutschen Volkswirtschaft liegen, sondern würde vielmehr die Gefahr einer Zurückdrängung vom Weltmarkte steigern und dadurch Industrie und Arbeiterschaft gleichmäßig schädigen. Darauf aber darf es Deutschland nicht ankommen lassen.

Nach der Gewerbezählung von 1895 beschäftigte die Porzellanindustrie 32 767 Personen. Sie bilden, wie ausgeführt wurde, das Fundament, auf dem der wirtschaftliche Aufbau der Industrie erst möglich wurde; an sie geht neben den sozialen Ausgaben ein großer Teil vom Umsatz als Arbeitslohn zurück. Nach Jaffé beträgt dieser Anteil in den Fabriken für Gebrauchsgeschirre ungefähr 35°/₀, in den für Luxusporzellan 50°/₀. Die Zahl der in den deutschen keramischen Fabriken beschäftigten Arbeiter und Arbeiterinnen wuchs in den letzten Jahren wie folgt an:

1906	43 766	Sie erhielten einen Lohn von	35 616 033 M.
1907	45 098	„ „ „ „ „	38 276 041 „
1908	42 520	„ „ „ „ „	35 759 841 „

Durchschnittslohn 1906 : 813.80 Mk., 1907 : 848.73 Mk., 1908 : 848.10 Mk. Zur Zeit werden in 1579 Betrieben der Porzellanfabrikation und -veredlung 51 785 Personen beschäftigt. Die Arbeit steht vorwiegend im Akkord (1895: 92,3°/₀), sonst im Tagelohn (7,7°/₀), und zwar besonders während der Mustersaison, wenn man den Fabrikaten noch keine bestimmte Preisnormierung zugrunde legen kann. — Hier sei ein kurzer Hinweis auf einen noch heute vielfach üblichen eigenartigen Zahlungsmodus der feinkeramischen Branche in England gestattet, der zu einem ewigen Gegenstand der Zwietracht und die Ursache vieler Zerwürfnisse geworden ist. Die Arbeiter wurden ursprünglich nach Dutzend Stück bezahlt. Den dafür bestimmten Lohnsatz behielt man als Norm bei und suchte nun die verschiedenen

Erzeugnisse in ihren Herstellungskosten dazu in Beziehung zu bringen, indem man von den kleineren Formen 15, 18 bis 36 Stück einem Dutzend gleich rechnete und umgekehrt in den größeren bis auf 6 Stück gleich einem Dutzend herunterging. Daß diese Art der Löhnung bei der ungeheuer großen Zahl der Variationen und Modelle sehr subjektiv sein muß, und die Ansichten zwischen Arbeitgeber und Arbeitnehmer bei der Festlegung der einzelnen Gleichungen regelmäßig auseinander zu gehen pflegen, ist einleuchtend.

Ein ausführlicher Vergleich der Lohnhöhe der einzelnen Staaten zu einander dürfte nur von sehr bedingtem Werte sein; dazu sind die wirtschaftlichen Grundlagen meist nicht gleichmäßig genug und die Differenzen selbst innerhalb der einzelnen Länder oft zu groß und zu kompliziert. Im allgemeinen kann man sagen, daß Deutschland mit zu den höchst zahlenden Staaten gehört, daß demgegenüber z. B. Japan nur ca. $^1/_{10}$ an Löhnen aufbringt (im Durchschnitt 32 Pfg. Tagelohn). — Ständige Zunahme erfahren auch in der Feinkeramik die Gewerkschaften, die als freie, Hirsch-Dunckersche und Christliche vertreten sind; erstere bilden in Deutschland den Kernpunkt im „Verband der Porzellan- und verwandten Arbeiter und Arbeiterinnen Deutschlands-Charlottenburg", während die anderen mehr zurücktreten. Internationale Gegenseitigkeitsverträge bringen diesen Verband in Beziehung zu den Organisationen der anderen Staaten. Der Mitgliederstand dieser großen Internationale ist von 26 700 Mitgliedern im Jahre 1910 auf 30 180 im Jahre 1912 gestiegen. Davon fallen nach den statistischen Mitteilungen der „Ameise" Jhrg. 39 Nr. 32 auf

Deutschland	16 224
Österreich	4 500
England	4 379
Frankreich	3 325
Italien	1 800
Dänemark	654
Holland	300

Von irgend welchen nachhaltigen Wirkungen ist bisher keiner der Verbände gewesen. Die relativ geringe Zahl der Streiks und Aussperrungen endete in der Regel zu Ungunsten der Arbeitnehmer oder mit nur unwesentlichen Errungenschaften. Von 1899 bis 1907 wurden 24 mit, 10 mit geteiltem, 57 ohne Erfolg und 7 unbekannt geführt.

Dieses im allgemeinen ruhige Verhalten in der Porzellan-Branche mag nicht zuletzt darin seine Ursache haben, daß die Fabriken sich auf wenige ganz getrennt liegende keramische Industriebezirke konzentrieren; dadurch ist ein Überspringen der Arbeiter innerhalb des gleichen Bezirks von einer Fabrik auf die andere im Streikfalle infolge der solidarischen Haltung der Arbeitgeber meist sehr schwierig, das Verziehen aber von einem Bezirk in den anderen wegen der verschiedenen Fabrikationsarten und -produkte und der hohen Geldkosten besonders für Verheiratete von vornherein beinahe ausgeschlossen. Arbeiter und Arbeitgeber sind gegenseitig aufeinander angewiesen, wie oben schon ausgeführt wurde.

B) Die Verkehrs- und Transporttechnik.

Die Verkehrs- und Transporttechnik stellt die Verbindung her zwischen Produktions- und Absatzgebieten. Ihre Entwicklung ist von maßgebendem Einfluß auf diejenige der Porzellanindustrie zum großen Teil insofern gewesen, als erst mit dem Bau der kleineren Berg- und Gebirgsbahnen alle die ursprünglich in idyllischer Waldeinsamkeit entstandenen Fabriken in den Bereich des Wirtschaftslebens zum Vorteil der deutschen Feinkeramik einbezogen wurden und von dem Augenblick an einen bedeutenden Aufschwung erfuhren. Die Verbesserung der Verkehrsverhältnisse legte ihrerseits mit den Grund zu der Berühmtheit der großen bayrischen, schlesischen und thüringischen Fabriken. Sie ermöglichte erst den sich überall vollziehenden Wechsel im Beziehen von Rohstoffen und Feuerungsmaterialien und damit den qualitativ und quantitativ zu verzeichnenden Fortschritt der Waren. Sie brachte die geographisch entfernten und schwer zugänglichen Gebiete in die wirtschaftliche Nähe des Weltmarktes.

Eine gesonderte Aufführung der verschiedenen Transporttarife für die große Zahl feinkeramischer Artikel in den verschiedenen Ländern würde an dieser Stelle zu weit führen. Ein Vergleich derselben lehrt, daß Deutschland höhere Bahnfrachtsätze für die Erzeugnisse dieser Branchen hat, als z. B. das Hauptkonkurrenzland Böhmen, während Frankreich und England den Vorteil eines verzweigteren Kanalnetzes und damit der billigeren Wasserfrachten haben, zumal auch die Flüsse verhältnismäßig in derselben Größe vorhanden sind. Im allgemeinen aber sind die Unterschiede nicht so groß, um für die Konkurrenzmöglichkeit der deutschen Porzellanindustrie in ihrer Gesamtheit dem Auslande gegenüber erschwerend in die Wagschale zu fallen. In einer günstigen Lage der Industriezentren teils zu den Fundstätten der Roh- und Brennmaterialien, teils zu den Absatzgebieten ist auch hier einigermaßen ein natürlicher Ausgleich gegeben, der in den Konkurrenzländern ähnlich zur Geltung kommt. Das schließt jedoch nicht aus, daß die einzelnen Unternehmungen an sich verschieden schwer belastet werden und vor allem aus vorübergehenden Erscheinungen im Verkehrs- und Transportwesen der Volkswirtschaft Nachteile erwachsen können. Der Mangel an Güterwagen ist zurzeit besonders akut und hat namhafte Stockungen und Störungen hervorgerufen, indem er die Versorgung mit Roh- und Brennmaterialien und die Absatzmöglichkeit der Fertigfabrikate verzögert. Ferner fehlt es schon seit langem insbesondere an sogenannten Hohlglaswagen, die unbedingt notwendig sind, um den üblichen Frachtsatz von 10 000 kg erreichen und ausnutzen zu können. Eine unbillige Verteuerung des Transportes wird weiter darin erblickt, daß man auf die Beförderung der Rohstoffe in gedeckten Wagen einen Aufschlag von 10% legt. Verteuernd wirken ferner die hohen Kohlenfrachten. Die Kohlenproduktion steht ja heute in engster Beziehung zur Porzellanindustrie, deren Gedeihen geradezu von ihr abhängig geworden ist. Nun hält Deutschland mit seiner Kohlenindustrie die Spitze auf dem europäischen Kontinent und rangiert gleich hinter England. Dieser Vorsprung kommt aber unter dem Drucke der billigen englischen Konkurrenz in erster Linie unseren nördlichen und westlichen Grenzgebieten zugute, während sich die Preise zuzüglich der Frachten z. B. von Westfalen nach Thüringen um 40% höher stellen als nach den Nordseehäfen und dadurch die Billigkeit für die auf dem Walde ansässige, ausgedehnte feinkeramische Industrie von vornherein illusorisch wird. Ferner entstehen mangels Anschlußgleisen einer großen Zahl von Fabriken verteuernde Faktoren, die bei der Preisbildung mitsprechen; Thüringen allein zählt deren 18. — Diese Tatsachen sind insofern nicht unwichtig, als es im volkswirtschaftlichen Interesse liegt, die einzelnen Privatunternehmungen nicht allein rentabel, sondern auch möglichst produktiv zu machen. Daher erscheint das Streben nach Verbilligung und Verbesserung des Transportwesens gerechtfertigt, indem es in einer ganzen Reihe von Betrieben eine Produktionserhöhung zur Folge haben wird.

C) Die Absatztechnik.

Die deutsche Feinkeramik ist heute in der Lage, allen ihr gestellten Aufgaben in den weitgesteckten Grenzen von Material und Technik in vollem Umfang gerecht zu werden. Zwischen ihrer gegenwärtigen tatsächlichen Produktion und der höchsten Produktionsfähigkeit liegt sogar noch ein beträchtlicher Spielraum. Diesen auszufüllen ist daher ihre Aufgabe. Sie harrt ihrer Lösung *direkt* durch eine intensive Bedarfsweckung in der Kundschaft mit Hilfe einer gut geführten *Absatzorganisation*, die *indirekt* noch verstärkt werden muß durch die Erlangung günstiger Aufnahmebedingungen ihrer Erzeugnisse im Ausland auf dem Wege *handelspolitischer* Maßnahmen. Die Notwendigkeit dieser Tatsachen, insbesondere der letztgenannten, ist genügend in dem ausgeprägten Exportcharakter der feinkeramischen Industrie begründet.

Durch die *Reklame* bringt der Produzent seine Ware mit dem Konsumenten in Berührung. Sie geschieht am besten durch eine reale Vorführung der Fabrikate, wie sie zustande kommt in Gestalt der Welt-, Provinzial- und Ortsausstellungen. Als eine besondere Gattung dieser Art hat sich ferner für die Feinkeramik die jährlich zweimal stattfindende Leipziger Messe herausgebildet, welcher noch von keinem Lande ähnliches an die Seite gestellt werden konnte. Schließlich finden unter den Mitteln der Reklame auch die Fachzeitschriften ihren Platz.

1. Ausstellungen.

Die Weltausstellungen erfreuen sich wie in anderen Industriezweigen auch in der Porzellanindustrie keiner besonderen Beliebtheit. Der Verkehr zwischen den Nationen gräbt sich eben jetzt andere Rinnsale und verläuft in denen ruhig und ohne nutzlose Opfer. Er bedarf nicht der Weltausstellung mit ihrem übermäßigen Zeit- und Geldaufwand und ihrem nicht immer einwandsfreien Prämierungsverfahren. Wegen ihrer Unvollkommenheit und Lückenhaftigkeit läßt sie auch keine maßgebenden Schlußfolgerungen auf den Bedarf und die Geschmacksrichtungen der einzelnen Länder zu. Deutschland beschickt sie gewöhnlich durch seine staatlichen und wenige große private Manufakturen (Brüssel 1910). Und auch diese halten sich immer mehr fern. Auf der Genter Weltausstellung im vorigen Jahre sah man von Berlin und Meißen fast nichts, während allerdings Nymphenburg und die Firma Rosenthal noch einen breiteren Raum einnahmen.

Anders ist das Verhältnis der keramischen Industrie zu den Provinzialausstellungen. Sie sollen der einheimischen Kundschaft auf eine nicht zu kostspielige Weise Kenntnis der Erzeugnisse verschaffen, den inländischen Markt erweitern und vertiefen und in seinen Schwankungen mit denen des Weltmarktes ausgleichen. In den betreffenden Bezirken decken sie den Bedarf, sie geben Kunde von der Leistungsfähigkeit der vorhandenen Industrie, und der deutschen Keramik wertvolle Fingerzeige hinsichtlich der Versorgung sich herausstellender Bedürfnisse. — So haben u. a. zwei Provinzialausstellungen im Jahre 1911: die 3. Mecklenburgische Gewerbe- und Industrieausstellung in Schwerin und die Ostdeutsche Ausstellung in Posen nach dem „Sprechsaal" Nr. 42 zu einem interessanten Ergebnis geführt: Baukeramische Produkte werden dort genügend erzeugt, nicht aber feinkeramische. In welcher Geschmacksrichtung sich das Angebot zu bewegen hat, erhellt aus dem

Maßstab beider Ausstellungen, die auf den speziellen Kaufgeschmack ihrer Umgebung abgestimmt wurden. Danach braucht Mecklenburg schwere und haltbare Speisegeschirre von kräftigen, einfachen Formen mit farbfrohen Dekoren. Der sparsamen, einfarbigen, ornamentalen Dekoration der Moderne vermag der traditionelle Geschmack der ländlich-kleinstädtischen Bewohner hier nichts abzugewinnen. — Anders in den Ostmarken, wie die Posener Ausstellung lehrt. Zwei Geschmacksrichtungen sind dort vertreten: die vom französischen Geschmack stark beeinflußte polnische und die der deutschen Bevölkerung. Erstere liebt den leichten feinen heiteren Stil, wie er im Empire, Barock, Rokoko mit reichen Farbeneffekten zum Ausdruck kommt; letztere liebt die schweren, sachlich logischen Zweckstile mit ihrem klaren, nüchternen Ernste. Ähnliche Unterschiede treten in den Wohnungseinrichtungen zwischen beiden Gegenden im Hinblick auf die Feinkeramik hervor.

Nach diesen durch die beiden Provinzialausstellungen fixierten Geschmacksrichtungen, deren Feststellung für die deutschen Keramfabrikanten sehr wichtig ist und den über das örtliche Interesse hinausgehenden Wert solcher Veranstaltungen erkennen läßt, wird sich das Warenangebot für die erwähnten Bezirke und ihre weitere Umgebung richten müssen.

Ähnlich, nur in kleinerem Maßstabe, wirken die Ortsausstellungen, insbesondere übersichtliche geschmackvolle Schaufensterdekorationen, anregend und belehrend auf Konsumtion und Produktion.

2. Die Leipziger Messe.

Den vorzüglichsten Platz unter den Ausstellungen aber nimmt in der Porzellanindustrie die Leipziger Messe ein, die eine Weltausstellung in regelmäßiger Wiederkehr bedeutet und geradezu mit dem Namen „Keramische Messe" bezeichnet wird. Worin aber liegt ihre Bedeutung begründet? Darin, daß „weder ein Vertrieb durch Reisende oder durch Mustersendungen und Kataloge, noch ein zwischen Produzenten und Detaillisten vermittelnder Großhandel den

Meßverkehr auch nur annähernd zu ersetzen vermochten. Die Notwendigkeit einer Besichtigung der Erzeugnisse selbst durch den Käufer, die Mannigfaltigkeit ihrer Herstellung und Verwendung, Form und Ausführung, die Schwierigkeit und Kostspieligkeit ihres Transports erhielten sie den Messen in Gestalt eines Meßmusterlagerverkehrs, bei dem die Fabrikanten statt der Ware nur noch Musterstücke zur Messe brachten, die Käufer nach diesen wählten und bestellten". An der Spitze der 5 großen Gruppen, die regelmäßig sich einfinden, steht die Keramik mit 600 bis 800 Ausstellern; dann kommen Metallwarenfabriken, die Industrie der Holzbearbeitung, Leder- und Papierwarenindustrie und endlich feinmechanische, chemisch-technische und elektrotechnische Industrien. — Ihre geschäftliche Bedeutung liegt in zeitlicher und räumlicher Konzentration, Umfang, Mannigfaltigkeit und Reichhaltigkeit des Angebots, persönlicher Berührung. Der Inhaber eines Porzellangeschäftes findet die Fabrikantenschaft seines Geschäftszweiges, die Produzenten von Luxus- wie Gebrauchsgegenständen mit ihren Musterkollektionen auf der Messe, und hier wieder auf engem Raume innerhalb großer, dicht beieinander gelegener Ausstellungsgebäude versammelt: die Keramiker Thüringens, Böhmens, Sachsens, Schlesiens, des südlichen und nordwestlichen Deutschlands neben solchen Frankreichs, Italiens, Belgiens, Hollands, Skandinaviens und Amerikas, sodaß er über die Leistungsfähigkeit der einzelnen Firmen wie des deutschen und außerdeutschen Gewerbefleißes einen raschen, bequemen Überblick gewinnt und das für ihn vorteilhafteste auswählen und bestellen kann. — Neben dem jeweiligen Bedarf und Geschäftsabschluß ist die jährlich zweimal stattfindende persönliche Zusammenkunft zwischen Käufer und Verkäufer von weittragender Bedeutung für die Beurteilung der allgemeinen Geschäftslage, technischer Fortschritte und sich vollziehender Geschmacks- und Verbrauchsverschiebungen. Nach der Statistik waren anwesend 1903: zusammen 7579 Einkäuferfirmen. Aus Deutschland 5978 aus 1206 Orten,

„ Ausland 1601 „ 338 „

nämlich 578 Firmen aus 135 Orten Österreich-Ungarns,

304	„	„	55	„	von Nord- u. Osteuropa,
587	„	„	115	„	von West- u. Südeuropa,
132	„	„	33	„	Außer-Europa.

1909: 11 054 Einkaufsfirmen, also fast eine Verdoppelung gegen 1903:

Aus Deutschland	8 383
„ Österreich-Ungarn	1 052
„ Nord- und Osteuropa	464
„ Süd- und Westeuropa	1 019
„ Außer-Europa	136

So gibt die Messe den Käufern aller Länder Gelegenheit, ihre Waren hier zu bestellen. Damit steigert sie die Produktion und erweitert den Absatz, drängt aber auch durch die augenfällige Konkurrenz zum Fortschritt und zur Vervollkommnung in ökonomisch-technischer wie ästhetisch-kunstgewerblicher Hinsicht. Sie weckt die Nachfrage nach kunstgewerblichen Erzeugnissen, indem sie durch Vorführung guter Leistungen den Geschmack der Besteller bildet und erzieht, sodaß sich der Absatz auf breitere Schichten der Bevölkerung ausdehnt. Die auf der Messe hervortretende Aufnahmefähigkeit des Marktes an guten Sachen spornt wiederum die Ausstellenden zu weiterer Hebung ihrer Produktion und Veredlung ihrer Leistungen an. Man denke nur an die anregenden Wirkungen, welche die dänischen Porzellane in jüngster Zeit auf Käufer und Verkäufer ausgeübt haben. — So ist die Leipziger Messe unbestritten zum vorzüglichsten absatztechnischen Mittel geworden und hat der deutschen Feinkeramik schon große Dienste geleistet *). Zur Diskussion steht allerdings zurzeit die Frage der Notwendigkeit einer jährlich zweimaligen Beschickung der Messe. „Darüber kann man sehr wohl geteilter Meinung sein, wenn man berücksichtigt, daß innerhalb solcher kleiner Zeitabschnitte von einem halben Jahre der Produktion immer neue Direktiven, die mit großen Kosten verknüpft sind, gegeben werden müssen, da eine

*) Vgl. Dr. Heubners Artikel über diese Frage in „Leipziger Messe" Jahrg. 1910—1912.

Neuheit des Frühjahrs bereits auf der Herbstmesse als schon dagewesen abgetan ist." An ihre endgültige Beseitigung kann trotzdem vorläufig nicht gedacht werden, da sie von der Mehrheit der Aussteller für notwendig erachtet wird.

Über die Berechtigung und Bedeutung der Ostermesse im allgemeinen sind sich dagegen die Porzellanindustriellen und -händler durchaus im Klaren, wenn auch im einzelnen mancherlei Wünsche mitunter laut werden. So hat man gegen die Messe geltend gemacht, daß sie das Kopieren von Mustern begünstige, doch dürfte der Musterraub eine der Folgeerscheinungen der modernen volks- und weltwirtschaftlichen Entwicklung überhaupt und der durch sie geschaffenen Organisationen sein. (Es sei hier nur auf die „Studienkommissionen" hingewiesen, die für aufstrebende Nationen gewiß förderlich sind, für die Kulturländer aber, die sie mit ihrem Besuch beehren, immer eine Verschärfung des Wettkampfes und somit eine Erschwerung ihrer Lage bedeuten.) Möglich, daß auch, wie die Gegenwart über die Weltausstellungen, eine ferne Zukunft einmal über die Leipziger Messe in Bausch und Bogen ihr Urteil fällen wird! Augenblicklich ist mit ihrer Lebensfähigkeit und Lebensnotwendigkeit als einer gegebenen Tatsache unbedingt zu rechnen; das erhellt zur Genüge daraus, daß die Zahl ihrer Aussteller in den letzten Jahren zu jeder Messe um rund 500 gestiegen ist. — So lange das Ausland, das im Vergleich zu Deutschland höhere Kosten und größere Mühen aufwenden muß, noch ein Interesse am Ein- und Verkauf auf der Leipziger Messe hat, brauchen wir m. E. nicht nach Gründen zu suchen, sie fallen zu lassen. Sie trägt zweifelsohne, wenn auch im konkreten Einzelfall nicht immer gleich ersichtlich, zur Verbreitung des deutschen Absatzgebietes und damit zur Vergrößerung der deutschen Produktion bei.

Ein wenn auch nur ganz schwaches Abbild der Messe bilden die sogenannten Porzellanvormessen in einigen deutschen Großstädten. Mehrere Fabrikreisende logieren sich in einem Hotel ein, stellen dort einige Muster auf und führen sich die erscheinenden Einkäufer von einer Tür in die andere zu. (Dieser Vorgang soll sich u. a. in Köln a. Rh.

im Hotel „Minerva", in Essen im „Berliner Hof" jährlich zweimal wiederholen, während in Nürnberg und Bremen eine Art Porzellan„börsen" entstanden sind.) Von großer Beständigkeit pflegen derartige Institutionen aber in der Regel nicht zu sein, da die einzelnen Verkäufer bald die Erfahrung machen, daß es empfehlenswerter sei, zu verschiedener bezw. zu anderer Zeit zu kommen, um sich ihren Kunden nach Möglichkeit allein widmen zu können. — Sie verdienen mehr ihrer Eigenartigkeit als ihrer wirtschaftlichen Bedeutung wegen hier erwähnt zu werden.

Neben Messe und Ausstellungen vermag die Reklame durch Zeitschriften einen absatzfördernden Einfluß auszuüben. Auch sie soll in dem Kundenkreis die Aufnahmelust wachrufen und in weitestgehender Weise auf Bedarfsweckung und eine jeweilig bestimmte Bedarfsrichtung der Konsumenten hinzielen. Daneben vermögen die Fachzeitungen auch den Unternehmern wertvolle Anregungen zu geben. In technischer Hinsicht stehen für die Feinkeramik der „Sprechsaal"-Koburg und die „Keramische Rundschau"-Berlin an der Spitze. Im übrigen verdienen als eigentliche Reklameschriften die illustrierten Kataloge der Porzellanfabriken genannt zu werden. Sie haben in den letzten Jahren eine bedeutende Vervollkommnung erfahren, und ihre Entwicklung bewegt sich gegenwärtig nach der künstlerischen, geschmacklichen Richtung hin durchaus in aufsteigender Linie. Das ist vor allem das Verdienst ästhetisch hochstehender Druckereien, die ihre qualitative Leistungsfähigkeit, wie sie in einer gediegenen äußeren Ausstattung der Kataloge und einer glänzenden Reproduktionstechnik ihren Ausdruck findet, immer mehr in den Dienst der vornehmen Reklame stellen.

In treffender Illustration und kurzer textlicher Form bringen sie das Typische der keramischen Fabrikate zum Ausdruck. Natürlich müssen sie in der Sprache des Landes abgefaßt werden, für das sie bestimmt sind. Wenn dieser Satz schon im allgemeinen stets mit Vorteil angewandt wird, so gilt seine praktische Durchführung besonders für englisch sprechende Gebiete. Sollen Kataloge z. B. in Australien die nötige Beachtung finden, so ist ihre Abfassung in englischer Sprache und die Benutzung des englischen Maß-, Münzen- und Gewichtssystems einfach unbedingte Voraussetzung.

Ferner dienen der Reklame indirekt eine Reihe guter Kunstzeitschriften: die „Rundschau des Kunstgewerbes", die „Leipziger Messe", die seit 5 Jahren zu jedem Meßtermin herauskommt, „Dokumente des modernen Kunstgewerbes" und viele andere. Die durch sie ausgelöste Suggestion der großen Masse der Durchschnittskäufer ist von hohem Werte.

Hat die Reklame hinreichend auf das Publikum eingewirkt, so kann die Absatzvermittlung in eigentlichem Sinne vor sich gehen. Sie geschieht in der üblichen Form der Vertretung innerhalb einer Stadt, einer Provinz oder eines Landes.

Im Überseegeschäft tritt zu einem Teil die absatzvermittelnde Tätigkeit der Hamburger Kommissionäre ein, insbesondere für solche ausländische Importeure, die nicht das ganze Land bereisen wollen. Daher haben diese Vertreter ein ständiges Exportmusterlager zu unterhalten, das stets die neuesten Erzeugnisse ihrer Fabriken aufweist. Meist aber kaufen die überseeischen Einkäufer auf Grund persönlicher Besichtigung der eigentlichen Fabrikmusterläger. Die damit verbundenen Gefahren für den Fabrikanten, der sich ganz in die Hand des Händlers gibt, während der Händler dem Fabrikanten gegenüber frei schalten und walten kann, wurden schon geschildert. Daher macht sich seit kurzem eine Tendenz bemerkbar, den ausländischen Grossisten auszuschalten und den Verkauf im fremden Lande durch eigene Agenturen zu übernehmen. Dadurch werden die exportierenden Produzenten unabhängig vom Importeur, sie treten selbst mit ihren Erzeugnissen in Fühlung mit der ausländischen Kundschaft, übernehmen aber damit auch allein das Risiko. Hierzu bedarf es daher einer ausreichenden finanziellen Fundierung. Drei deutsche Firmen sind bislang an die praktische Durchführung dieses Problems in Amerika herangetreten: Bauscher-Weiden für Gebrauchsporzellane, Reinh. Schlegelmilch-Suhl und Tillowitz für Luxusporzellan und Rosenthal-Selb. Ein endgültiges Urteil über den Wert dieser Organisationen bleibt der Zukunft vorbehalten.

Ist auch der Absatz der gesamten feinkeramischen industriellen Erzeugnisse gut organisiert, so darf nicht übersehen werden, daß er nur dann sich zum Segen der Industrie voll auswirken kann, wenn das Ausland sich nicht hinter prohibitiv wirkende Zollschranken verschanzt und es dadurch dem deutschen Unternehmer unmöglich macht, den Markt zu halten. Die deutsche Porzellanindustrie aber ist überwiegend auf den Export eingestellt. Daher hat sie ein außerordentliches Interesse an den denkbar besten Handelsbeziehungen zum Ausland; die Zollpolitik der auswärtigen Staaten ist von nachhaltigstem Einfluß auf die Möglichkeit und Höhe des deutschen Exports. Die für Porzellan in Betracht kommenden Zölle sind entweder Wert- oder Gewichtszölle oder endlich eine Vereinigung beider. Wertzölle erheben u. a. der australische Bund, Chile, Belgien und die Niederlande, bis 1909 auch die Vereinigten Staaten. Gewichtszölle werden erhoben von Rußland, Frankreich, Italien, Spanien, Portugal, Schweden, Norwegen und Dänemark. Wert- und Gewichtszölle erheben jetzt die Vereinigten Staaten von Amerika. Zollfrei geht Porzellan nur nach einem einzigen Lande: Großbritannien. — Der Einfluß dieser Zölle macht sich auf die Qualität der Erzeugnisse insofern geltend, als die Länder mit Wertzöllen in der Hauptsache bestrebt sind, möglichst billige Artikel einzuführen, die Länder mit Gewichtszöllen aber nach leichter Ware verlangen. — Eine weitere Unterscheidung gliedert die Zölle in solche auf weißes und solche auf bemaltes Porzellan (im Wertverhältnis von 1: 2 in der Regel). Diese Teilung wird naturgemäß insbesondere von denjenigen Staaten gemacht, die die Porzellanveredlung im eigenen Lande künstlich hochziehen wollen. An Weißporzellan gelangten allein im Jahre 1909: 34 392 dz im Werte von 3 577 000 Mk. ins Ausland.

Im Inland ist die Industrie in Anbetracht der Menge und Güte ihrer Produkte und des leichteren Überblicks über den Wechsel der einheimischen Geschmackrichtungen sehr wohl befähigt, sich eine Monopolstellung zu wahren; sie bedarf dazu keines künstlichen Schutzes durch besonders hohe Schutzzölle.

Wie sich Deutschland zu den Haupteinfuhrländern seines Porzellans im einzelnen verhält, ergibt eine kurze systematische Übersicht der Zoll-, Import- und Produktionsziffern derselben auf Grund der statistischen Zusammenstellungen von Dr. Probst und Paul Martell, sowie eine Gegenüberstellung der Wertausfuhrziffern deutscher Feinkeramiken nach den einzelnen Ländern innerhalb der letzten 5 Jahre (lt. Statist. Jhrb. f. d. Deutsche Reich). Die Gesamtausfuhr der Porzellanindustrie betrug:

1885	9 888 t	im	Werte	von	8,9	Mill.	Mk.
1893	15 753 t	„	„	„	13,5	„	„
1899	23 110 t	„	„	„	36,1	„	„
1902	29 142 t	„	„	„	53,3	„	„
1907	47 796 t	„	„	„	73,2	„	„

Das bedeutet, verglichen mit dem Export von 1885, eine Steigerung

	der Menge nach	dem Werte nach
1893 um	59,3%	51,7%
1899 „	133,7%	305,6%
1902 „	194,7%	498,8%
1907 „	383,4%	700,0%

Unter der Gesamtausfuhr des Deutschen Reiches überhaupt nahm farbiges Porzellan seinem Durchschnittswerte nach im statistischen Warenverzeichnis 860 a—c folgenden Platz ein: 1889—1893 11,48 Millionen Mk. = 0,36% des Wertes der Gesamtausfuhr. Es steht an 51. Stelle. 1903—1907 60,86 Mill. Mk. = 1,06% des Ausfuhrwertes. Es steht an 20. Stelle.

Als Importland für deutsches Porzellan stehen die Vereinigten Staaten von Amerika an der Spitze. Die Gesamteinfuhr der Union an Porzellan und Steingutwaren im Jahre 1900 hatte einen Wert von 9 144 515 Dollars. Davon kamen auf

Deutschland	3 308 945	Dollars
Großbritannien	3 047 984	„
Frankreich	1 508 772	„
Österreich-Ungarn	586 367	„
Japan	447 879	„

Deutschland ist also am meisten beteiligt. 1905 führte es

etwa 70% des Wertes oder 44% der Menge seiner Gesamtausfuhr dorthin.

Vom März bis Dezember 1906 gingen nach der Union:

			Gesamtausfuhr
1.	an Porzellantafelgeschirr (Nr. 733c) für	23.878.000 M.	= 56,7 %
2.	„ weißem Porzellan (Nr. 733b) für	581.000 „	= 21,8 „
4.	„ Luxusgegenständen aus Porzellan (Nr. 733d) für	1.671.000 „	= 28,1 „
4.	„ Porzellanknöpfen (Nr. 733e) für	265.000 „	= 17,9 „

Von 1907 bis 1. Januar 1912 beliefen sich die Exportziffern wie folgt (in 1000 Mk.):

	1907	1908	1909	1910	1911
Nr. 733c	29 056	11 106	12 081	12 328	12 919
„ 733b	1 146	488	653	1 020	1 189
„ 733d	2 108	1 936	1 990	1 940	1 662
„ 733e	470	288	258	277	319

Dabei haben die Vereinigten Staaten die höchsten Einfuhrzölle überhaupt. Nach dem Tarif von 1897 betrug der Wertzoll 35% und wurde später gesteigert bis auf 60%; dazu kam 1909 ein Gewichtszoll von 1 Cent für das Pfund auf weißes, 2 Cent auf bemaltes Porzellan. Wenn trotzdem die oben genannten Ausfuhrziffern erreicht werden konnten, so ist das auf den gewaltigen Konsum und ein fast gänzliches Fehlen einheimischer Porzellanfabriken zurückzuführen. Jedenfalls ist Deutschland aufs engste in seiner Feinkeramik mit den Vereinigten Staaten verbunden und die Schwankungen in ihrem Wirtschaftsleben sind hier stark zu verspüren. Das beweist das Jahr 1907, welches in der Folgezeit die deutsche Porzellanindustrie sehr in Mitleidenschaft zog, wie aus der Tabelle hervorgeht. Das zeigt erst jetzt wieder der Präsidentenwechsel; ob und inwieweit zugunsten Deutschlands, bleibt vorläufig noch abzuwarten. Soweit sich die Entwürfe zum neuen Zolltarif bisher überschauen lassen, steht ein nicht unbedeutender Abbau der amerikanischen Tarifmauern bevor, der auch der Keramik zugute kommen dürfte insofern, als er eine teilweise Ermäßigung auf Gebrauchsgeschirre von 55% auf 35% vorsieht. An zweiter Stelle verdient Großbritannien genannt zu werden, das zugleich wegen seiner gänzlichen Zollfreiheit das wichtigste europäische Absatzgebiet Deutschlands bildet. Es nimmt ca. 17% der Gesamtausfuhr auf. 1906 wurden nach England ausgeführt: 1. Porzellantafelgeschirre für 6 222 000 M. = 14,8% der Gesamtausfuhr, 2. Weißporzellan 263 000 M.=9,8%, 3. Luxusgegenstände 1 284 000 Mark = 21,6%, 4. Porzellanknöpfe und Tabakpfeifen 153 000 Mk. = 10,3%, 5. Isolatoren 530 000 Mk. = 20,8%.

Von 1907 bis 1. Januar 1912 hat Deutschland folgende Exportziffern zu verzeichnen:

	1907	1908	1909	1910	1911
Isolatoren (Nr. 733a)	686	415	531	400	542
Weißporzellan (Nr. 733b)	274	199	277	367	472
Tafelgeschirr (Nr. 733c)	9596	5162	4013	4253	4577
Luxusgegenst. (Nr. 733d)	1351	2220	2184	1964	2155
Porzellanknöpfe (Nr. 733e)	215	150	139	161	273

Andererseits aber bildet die Ausfuhr großer Posten englischer Fayence-, Steingut- und anderer Waren nach Deutschland einigermaßen ein Äquivalent.

Frankreich kommt mehr als Konkurrenz- denn als Absatzland in Betracht. Es hat eine blühende Porzellan- und Fayence-Industrie, welche 1896 551 Betriebe umfaßte, in denen 24 286 Personen beschäftigt wurden. Trotzdem hat die deutsche Porzellanausfuhr nach Frankreich stetig zugenommen, während jedoch Fayence beinahe ebenso zurückging. Es wurden exportiert (in Tonnen):

	Porzellan		Fayence usw.	
	weiß	dekoriert	einfarbig	dekoriert
1888	86	227	785	1522
1903	263	438	221	517
1908	719	1325	—	336

Dem Werte nach exportierte Deutschland folgende Posten:

	1907	1908	1909	1910	1911
Nr. 733a	139	304	302	365	303
Nr. 733b	178	155	260	173	240
Nr. 733c	932	806	1023	1107	1222
Nr. 733d	1186	1223	1513	1629	1931
Nr. 733e	55	27	68	20	38

Der Zoll für Weißporzellan ist 10 Frs.
dekoriertes Porzellan 15 bezw. 20 Frs.
Biskuit 25 Frs.

Die Handelsvertragsstaaten.

Belgien. Nach der Statistik von 1896 bestanden in Belgien 3 Porzellanfabriken mit 274 Arbeitern, 7 Fayencefabriken mit 2030 Arbeitern. — Es wird ein Eingangszoll in Höhe von 10% des Wertes erhoben. Die deutsche Porzellaneinfuhr stieg bis 1904 und ging seitdem ständig zurück.

1885: 280 t, 1904: 1328 t, 1908: 961 t.

Deutschlands Ausfuhr nach Belgien belief sich auf folgende Summen (in 1000 Mk.):

	1907	1908	1909	1910	1911
733a	73	83	154	166	64
733b	194	127	198	105	135
733c	786	450	500	540	457
733d	765	514	567	656	535
733e	136	95	98	74	46

Schweiz. Es wurden dorthin ausgeführt:

	Porzellan	
	weiß	dekoriert
1888/92	121 t	136 t
1904	929 t	601 t
1908	1677 t	620 t

Der Zoll beträgt auf Porzellanisolatoren 3 Frcs., sonstiges Porzellan 16 Frcs. und Spielzeug 20 Frcs.

Deutschlands Ausfuhr nach der Schweiz (in 1000 Mk.):

	1907	1908	1909	1910	1911
733a	570	680	597	588	520
733b	517	381	388	318	308
733c	860	744	479	551	601
733d	121	94	111	108	124
733e	145	75	56	75	66

Italien. Weißporzellan 1885: 94 t, 1900: 430 t, 1908: 1193 t. Der Einfuhrzoll beträgt auf einen dz. Weißporzellan 16 Frcs., dekoriertes Porzellan 25 Frcs.

Deutschlands Ausfuhr nach Italien (in 1000 Mk.):

	1907	1908	1909	1910	1911
733a	393	302	299	369	415
733b	151	268	271	372	362
733c	195	392	282	404	530
733d	299	375	355	540	478
733e	27	30	52	58	54

Österreich-Ungarn. Es ist mit seiner alten hochentwickelten Porzellanindustrie mehr Konkurrenz- als Absatzland. Nach der Gewerbezählung von 1902 bestanden in Österreich 58 Porzellanfabriken mit 10 231 Personen, 329 Malereien mit 1535 Personen. Zoll beträgt für den dz. weiß 12 Kronen, dekoriert 24 Kronen, Isoliermaterial 12—25 Kronen. Unser Außenhandel mit Österreich gestaltete sich wie folgt:

Jahr	Einfuhr		Ausfuhr	
1885	275 t	248 000 M.	509 t	408 000 M.
1900	415 t	627 000 „	753 t	1251 000 „
1908	467 t	741 000 „	660 t	913 000 „

Export nach Österreich-Ungarn (in 1000 Mk.):

	1909	1910	1911
733a	71	144	238
733b	176	300	379
733c	479	533	720
733d	492	556	737
733e	82	188	176

Europäisches Rußland. Während England in zollpolitischer Hinsicht am günstigsten für Deutschland ist, steht dazu in krassem Gegensatz neben der Union Rußland. Es erhebt einen unnatürlich hohen Gewichtszoll: Gebrauchsgeschirr 15,90 R. und 20% Zuschlag für 1 Pud, Luxus-Porzellan 31,50 R. und 20% Zuschlag, Weißporzellan 7,95 R. und 20% Zuschlag. Daher bleibt die Exportziffer dorthin sogar noch hinter derjenigen von Serbien, Rumänien und der Türkei zurück.

Export nach Rußland (in 1000 Mk.):

	1907	1908	1909	1910	1911
733a	7	10	9	37	35
733b	42	38	39	107	98
733c	80	136	157	205	241
733d	200	180	131	185	242
733e	35	26	9	24	73

Rumänien. Der rumänische Zoll beträgt 25 Frcs., auf Fantasiewaren 120 Frcs. Eingeführt wurde Porzellan weiß: 1893 bis 1897 im Durchschnitt 54 t, 1904 23 t, 1908 —. In den gleichen Zeitabständen dekoriertes Porzellan: 112 t, 86 t, 220 t.

Export nach Rumänien (in 1000 Mk.):

	1909	1910	1911
733a	12	24	18
733b	14	25	23
733c	221	181	229
733d	17	16	19
733e	18	7	9

Von den übrigen europäischen und außereuropäischen Staaten mögen noch erwähnt werden:

	Niederlande		Schweden			Norwegen	
	weiß	dekoriert	w.	d.		w.	d.
1893/97	205 t	480 t	52 t	98 t	1898/02	185 t	96 t
1904	639 t	1126 t	166 t	223 t		108 t	89 t
1908	576 t	1166 t	137 t	186 t		253 t	— t

Export nach den Niederlanden (in 1000 Mk.):

	1907	1908	1909	1910	1911
733a	156	180	165	157	126
733b	362	193	239	215	176
733c	1676	714	925	1204	1172
733d	503	410	283	304	377
733e	64	63	71	77	100

Export nach Schweden (in 1000 Mk.):

	1907	1908	1909	1910	1911
733a	38	75	70	49	48
733b	107	96	134	139	153

733c	331	289	243	286	256
733d	124	96	68	78	71
733e	62	33	16	18	81

Export nach Norwegen (in 1000 Mk.):

	1907	1908	1909	1910	1911
733a	186	152	113	180	220
733b	13	10	10	20	25
733c	77	103	92	105	109
733d	21	21	33	49	42
733e	26	30	34	42	70

	Dänemark		Türkei	
1893/97	142 t	125 t	48 t	227 t
1904	334 t	210 t	48 t	473 t
1908	938 t	242 t	— t	483 t

	1895	1900	1905
Argentinien	172,4 t	252,0 t	436,8 t
Brasilien	226,6 t	126,7 t	207,3 t
Chile	219,2 t	210,0 t	331,0 t

Export nach Dänemark (in 1000 Mk.):

	1907	1908	1909	1910	1911
733a	168	358	58	92	85
733b	301	239	244	264	271
733c	252	344	244	297	227
733d	120	122	98	122	116
733e	77	86	41	60	108

Export nach der Türkei (in 1000 Mk.):

	1907	1908	1909	1910	1911
733a	5	11	35	32	48
733b	33	32	44	49	43
733c	664	353	329	359	513
733d	17	13	11	36	25
733e	71	42	31	24	90

Australien
Porzellan in Tonnen eingeführt

	weiß	Tafelgeschirre	Luxusporzellan
1904	157	546	46
1905	226	702	33
1907	435	1514	18
1908	301	853	124

Deutschlands Export nach Australien betrug (in 1000 Mk.):

	1907	1908	1909	1910	1911
733a	305	181	73	103	62
733b	57	28	42	43	60
733c	2497	798	591	939	1158
733d	109	158	150	164	174
733e	27	26	3	10	47

Demgegenüber ist die Einfuhr nach Deutschland nur gering. Trotz der Ermäßigung des Zolles in den Caprivischen Handelsverträgen von 14 auf 10 Mk., für dekoriertes Porzellan von 30 auf 20 bezw. 25 Mk. pro dz. erfuhr sie keine wesentliche Steigerung. Sie betrug 1907 ca. 990 Tonnen im Werte von 2,6 Millionen Mk.

Die Betrachtung der Tabellen lehrt, daß der deutsche Porzellanexport im allgemeinen, abgesehen von mancherlei Schwankungen, eine Steigerung erfahren hat, daß diese Steigerung aber in den letzten Jahren nicht mehr in dem Maße fortgeschritten ist, als man nach dem anfänglichen Aufstieg erwarten konnte; besonders inbezug auf dekoriertes Porzellan. Das hat seinen Grund erstens in dem Aufkommen der feinkeramischen Industrie innerhalb einer Reihe der bisherigen Absatzländer Deutschlands selbst und zweitens in dem Übergreifen einiger neuer und alter Porzellanproduktionsstaaten in den Bereich ursprünglich deutscher Konsumtionsgebiete. — Deutschland hat heute seine Monopolstellung (neben Österreich) längst nicht mehr. Frankreich, England, Italien, Dänemark, Japan und China suchen sich jetzt überall mit Deutschland in den gleichen Absatzländern festzusetzen und reißen dieselben besonders in billigen Qualitäten an sich. Österreich tritt mit seinen

Porzellanen auf der ganzen Welt mit Deutschland in Wettbewerb; nicht in dem Maße, aber trotzdem beträchtlich, zeigt sich Frankreichs Konkurrenz. Es liefert sein Weißporzellan in der Hauptsache nach England: von 64 761 000 dz. Gesamtausfuhr im Jahre 1906 gingen allein dahin 34 283 000 dz., nach Belgien 10 318 000 dz.

Großbritannien stützt sich auf seine koloniale Übermacht und hat dadurch einen großen Vorsprung, da seine Erzeugnisse bei der Einfuhr in die Kolonien große Zollvergünstigungen genießen. Außerdem steht es in der Union, wie die Tabelle zeigte, gleich hinter Deutschland.

In Südamerika hat die deutsche Feinkeramik zur Zeit den Markt in Argentinien, Brasilien und Chile; der Hauptkonkurrent ist Holland. In Australien entwickelt sich neuerdings eine selbständige Industrie infolge günstiger Kaolinlager, der großen Entfernung von Europa und eines hohen Wertzolles von 20—30%. Steingut und Fayence liefert Großbritannien, während Deutschland mit Gebrauchsgeschirren und Dekorationsgegenständen am Markte ist. Daß J a p a n sehr ernst zu nehmen ist, wurde schon wiederholt ausgeführt und mag durch folgende Zahlen bekräftigt werden: 1900 Ausfuhr 2 471 904 Yen, 1905: 5 324 344 Yen, 1906: 7 942 927 Yen. Daran waren beteiligt:

Australien	78 388 Y	139 728 Y	129 037 Y
Britisch-Amerika	52 423 „	184 470 „	195 676 „
Britisch-Indien	145 908 „	104 850 „	96 195 „
China	100 493 „	507 224 „	906 752 „
Korea	150 917 „	420 734 „	464 530 „
Frankreich	100 292 „	74 359 „	116 689 „
Deutschland	57 251 „	142 241 „	162 193 „
England	248 787 „	253 017 „	442 921 „
Hongkong	329 383 „	287 368 „	286 456 „
Russ. Asien	25 356 „	23 343 „	347 122 „
Nordamerika	1 027 988 „	2 826 459 „	4 332 584 „
Andere Länder	154 722 „	360 551 „	462 772 „
Gesamt:	2 471 904 Y	5 324 344 Y	7 942 927 Y

Wenn also Deutschland auch direkt noch wenig keramische Waren Japans aufnimmt, so ist doch ersichtlich, daß letztere zunehmenden Eingang finden in den bisher mit deutschen Waren versorgten Absatzgebieten und dort die Gefahr der Verdrängung derselben wesentlich erhöhen. Sie kommen zu halben Preisen auf den Markt und haben ihren Mengen nach allein in der Union sich im vergangenen Jahrzehnt verfünffacht. Japans Stellung auf dem Weltmarkt läßt sich zur Zeit noch nicht bis ins einzelne fixieren, so viel aber geht aus dem Gesagten klar hervor, daß sie sehr bedeutend werden muß.

Angesichts der sich immer mehr entwickelnden ausländischen feinkeramischen Industrie und der damit stärker hervortretenden Abschließungsbestrebungen werden die Absatzbedingungen immer schwieriger; die allgemeine Lage der deutschen Feinkeramik ist daher gegenwärtig nicht gerade günstig und ihre Zukunft ungewiß. — Jedenfalls geht die Konkurrenzmöglichkeit in billigen Artikeln heute allmählich aber regelrecht zurück, da diese Waren jetzt vorteilhafter von den einheimischen Töpfern der ehemalig deutschen Importstaaten hergestellt werden; sie verdienen von vornherein die Kosten für Zwischenhandel und Transport und brauchen meist — im Gegensatz zu Deutschland — keine ausländischen Rohmaterialien zu verwenden. — Erfreulicher sind die Aussichten für mittlere und bessere Qualitäten. Hier gilt es, aus den inländischen und fremden Werkstoffen möglichst hohe Werte herauszuwirtschaften und dadurch die Fabrikation rationell zu gestalten. Diese Möglichkeit ist zu einem großen Teil in die Hand des Unternehmers gegeben. Er muß es verstehen, den veränderten Bedingungen im Laufe der Entwicklung Rechnung zu tragen und seine Erzeugnisse immer zur rechten Zeit und am rechten Platz in den Rahmen des gesamten Wirtschaftslebens hineinzupassen.

Die Zukunft der Feinkeramik ist ferner abhängig von der Qualität der Arbeiterschaft, die durch eine technische bezw. künstlerische Schulung stets zu ihrem besten Können befähigt werden muß. Daraus ergibt sich der hohe Wert eines gut ausgebauten Fachschulwesens, dem für die Hochschulen die Aufgabe erwächst, durch Probieren und Studieren neue Bahnen zu weisen, auf welchen dann die Industrie unter praktischer Leitung der Fach- und Kunstgewerbeschulen sich vorwärts zu arbeiten vermag. Eine Ergänzung durch entsprechende Fortbildungsschulen ließe sich in noch größerem Umfange besonders für solche Gegenden durchführen, die der Fachschulen ermangeln.

Wenn aber der Schwerpunkt der gesamten Branche in der Herstellung von Qualitätswaren liegt, so bedarf es auch einer Kundschaft, die danach verlangt. Nur eine gesteigerte Nachfrage bewirkt eine gesteigerte und billigere Produktion und macht durch das heute schon sehr fein ausgebildete Reproduktionsverfahren qualitativ hochstehende Erzeugnisse auch den breitesten Schichten zugänglich.

Die Nachfrage wiederum wird angeregt durch periodisch wechselnde Geschmacksrichtungen, die ihr neue Impulse geben. Wenn dadurch auch ein Risiko für den einzelnen Unternehmer entsteht, so ist doch andererseits eben eine erhöhte Produktionsmöglichkeit für die gesamte Industrie gegeben, die man nur begrüßen kann, zumal ja die Stapelartikel die durch die modischen Schwankungen hervorgerufenen starken Bewegungen nicht unwesentlich mildern. — Gleichzeitig liegt in dem rastlosen Bestreben nach Neuheiten indirekt ein Anreiz zu fortwährenden Verbesserungen und Verfeinerungen des Fabrikationsvorgangs, der gegenwärtig von allen Staaten der Erde in Deutschland am vollkommensten ausgebildet ist.

In welcher Richtung sich die Produktion in künstlerisch-technischer Hinsicht zu bewegen hat, zeigen die staatlichen Manufakturen, denen eine Reihe privater Unternehmungen heute schon durchaus ebenbürtig zur Seite stehen.

Inwieweit die gegebenen Möglichkeiten in ihrer Gesamtheit für eine zukünftige lebenskräftige feinkeramische

Industrie ausreichen, inwieweit sie imstande sind, die Preisunterbietungen anderer Länder durch Qualitätsüberbietungen auszugleichen, ist abzuwarten. Jedenfalls bedarf es eines tatkräftigen Eintretens in gleichem Sinne seitens des Staates, wenn deutsche Intelligenz und deutscher Fleiß auch in dieser volkswirtschaftlich so wichtigen Branche sich bewähren sollen.

Quellennachweis.

1. Bücher. Adreßbuch der Keramindustrie.

Berichte des Verbandes keramischer Gewerke in Deutschland. Bonn, Jahrgang 1901/11.

v. **Halle**, Die Weltwirtschaft, Teil II. 1911. Deutschland. Leipzig 1906—08.

Handbuch der Wirtschaftskunde Deutschlands. Leipzig 1904.

Heubner, Der Musterlagerverkehr d. Leipziger Messe. Tübing. 1904.

Jaffé, E., Die deutsche Porzellanindustrie, ihre Entwicklung, wirtschaftl. Bedeutung, Technik und Ästhetik. Vortrag, abgedruckt in den „Verhandlungen des Vereins zur Förderung des Gewerbefleißes" 1904, II. Heft.

Kerl, Handbuch der gesamten Tonwarenindustrie. Braunschw. 1907.

Lehnert, Das Porzellan, Leipzig 1902.

Lessing, Der Modeteufel, Berlin 1884.

Panzer, Eine Frage der Qualitätsverfeinerung unseres Exportes. Berlin 1912.

Probst, Die deutsche Porzellan- und Steingutindustrie, Halle 1909.

Sombart, Moderner Kapitalismus.

Stieda, Die Anfänge der Porzellanmanufaktur auf dem Thüringer Walde, Jena 1902.

Troeltsch, Volkswirtschaftliche Betrachtungen über die Mode. 1912.

Winderf, Die Thüringische Porzellanindustrie. Leipzig 1912.

Zolltarife des In- und Auslandes. Band 2. Industrie der Steine und Erden.

2. Zeitschriften. Keramische Rundschau 1905/12.

Sprechsaal 1907/12.

Die Leipziger Messe 1910/12.

Über die Entwicklung der Keramik, Vortrag des Geh.-Rat Witt, gehalten bei Eröffnung der Ton-, Zement- und Kalkindustrie-Ausstellung in Berlin am 3. Juni 1910.

3. Zeitungen. Kölnische Zeitung. — Berliner Tageblatt.

4. Persönliche Informationen.

Inhaltsangabe.

Kolibri 360 GmbH
Ferdinand-Jühlke-Straße 7
99095 Erfurt, Deutschland
produktsicherheit@kolibri360.de